PELOPONNES

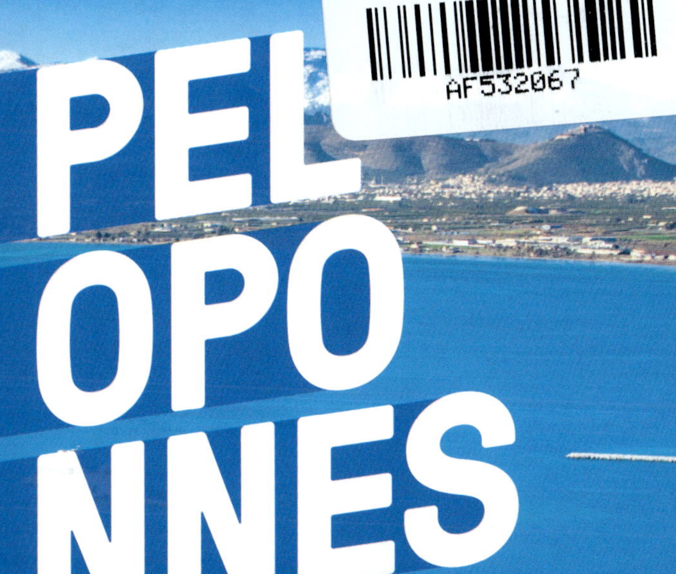

INSIDER-TIPP
Deine Abkürzung ins Erleben!

Reisen mit MARCO POLO Insider-Tipps

MARCO POLO TOP-HIGHLIGHTS

ALT-KORINTH ★1
Griechenlands Hauptstadt in römischer Zeit ist heute ein Dorf mit Tempeln und einer alles überragenden Festung.

➤ S. 42, Achaía & Korinthía

ALTSTADT VON NAUPLIA ★2
Die romantische Kleinstadt aus dem 19. Jh. kauert sich zwischen drei Burgen und ist das Shoppingparadies des Peloponnes.
📷 *Tipp: Die stimmungsvollsten Fotos schießt du, wenn abends gerade die Laternen angehen.*

➤ S. 58, Argolís

BURG VON MYKENE ★3
Hier stehst du im Zentrum der ältesten Hochkultur des europäischen Festlands zwischen über 3000 Jahre alten Mauern.
📷 *Tipp: Bring Farbe ins Bild vom Löwentor und warte, bis Touris in bunten Klamotten an den Königsgräbern sind.*

➤ S. 67, Argolís

THEATER VON EPIDAUROS ★4
Schon an normalen Tagen fasziniert Griechenlands größtes Theater. Festspielabende hier zählen zu den Top Events des Landes.

➤ S. 71, Argolís

AUSGRABUNGEN VON OLYMPIA ★5
Sehen, wo vor 2800 Jahren alles begann: der Geburtsort der Olympischen Spiele.
📷 *Tipp: Die Höhe der Säulen wird deutlicher, wenn ein Mensch davorsteht.*

➤ S. 79, Elis & Arkadien

LOÚSIOS-TAL 6

In einem grünen Canyon liegen alte Klöster, ein antiker Kurort und ein spannendes Freilichtmuseum.

➤ S. 90, 124, Elis & Arkadien, Erlebnistouren

MISTRÁS 7

Von der mittelalterlichen Hauptstadt des Peloponnes zeugen noch viele Kirchen, Klöster und ein Palast zwischen Hochgebirge, Oliven- und Orangenhainen.

➤ S. 109, Messenien & Lakonien

VÁTHIA 8

Das turmreiche Wehrdorf in der Máni blickt über wüstenhaft-wilde Landschaft aufs Meer. Wie konnte man hier nur leben?

➤ S. 113, Messenien & Lakonien

PÍRGOS DIROÚ 9

Die Tropfsteinhöhle erkundest du bei einer fast lautlosen Bootsfahrt durch die bizarre Unterwelt.

📷 *Tipp: Ein Video bringt hier bessere Ergebnisse als ein paar meist leider recht unscharfe Standfotos.*

➤ S. 112, Messenien & Lakonien

MONEMVASSÍA 10

Unter und auf einem Felsblock im Meer trägt die autofreie Festungsstadt noch ein ganz mittelalterliches Gesicht (Foto).

📷 *Tipp: Monemvassías einzigartige Lage fängst du am besten ein, wenn du auf dem Festland den Hang hochsteigst.*

➤ S. 115, Messenien & Lakonien

INHALT

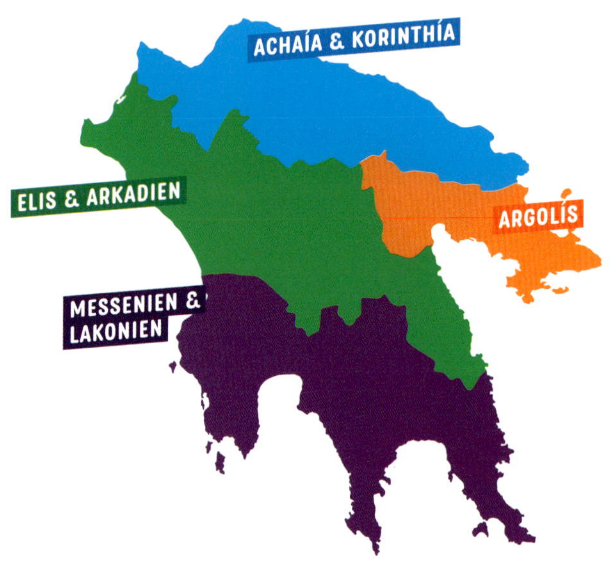
ACHAÍA & KORINTHÍA
ELIS & ARKADIEN
ARGOLÍS
MESSENIEN & LAKONIEN

MARCO POLO TOP-HIGHLIGHTS

DAS BESTE ZUERST

SO TICKT DER PELOPONNES

ESSEN, SHOPPEN, SPORT

MARCO POLO REGIONEN

ERLEBNISTOUREN

GUT ZU WISSEN

 Besuch planen
€–€€€ Preiskategorien
 Essen/Trinken
 Shoppen
 Ausgehen
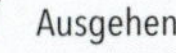 Top-Strände

(A2) Herausnehmbare Faltkarte
(a2) Zusatzkarte auf der Rückseite der Faltkarte
(0) Außerhalb des Faltkartenausschnitts

BESSER PLANEN MEHR ERLEBEN!

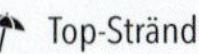

Digitale Extras
go.marcopolo.de/app/pel

Ein Traum in Grün und Blau: Bucht bei Pórto Héli in der Argolís

BEST OF BEI REGEN

SCHÖN, AUCH WENN ES REGNET

BOOTSFAHRT DURCH DIE UNTERWELT

In der Tropfsteinhöhle *Pírgos Diroú* gleitest du lautlos auf einem unterirdischen Fluss durch die Wunderwelt von Stalagmiten und Stalaktiten. Wenn du dann wieder ans Tageslicht kommst, ist der Regen vielleicht schon vorbei (Foto).

➤ S. 112, Messenien & Lakonien

BESUCH IN DER OUZO-BRENNEREI

Wenn du schon immer wissen wolltest, wie Ouzo hergestellt wird und welche Gewürze ihm seinen Geschmack verleihen, erfährst du das bei einer Führung durch die *Destillerie Karónis* bei Nauplia.

➤ S. 62, Argolís

MUSEEN FÜR EINEN GANZEN REGENTAG

Gleich vier Museen sorgen in *Olympia* dafür, dass auch ein verregneter ein interessanter Tag werden kann – egal, ob dein Interesse nun mehr der Archäologie und Kunst oder dem Sport gilt.

➤ S. 78, 83, Elis & Arkadien

SHOPPEN & GENIESSEN

In der *Altstadt von Nauplia* liegen Schmuck- und Kunsthandwerksgeschäfte, Boutiquen, Cafés und Tavernen so dicht beieinander, dass du von Tür zu Tür kaum einen Regentropfen abbekommst.

➤ S. 58, Argolís

SCHÖNE STÜRME

Wenn es stürmt, gießt und donnert, sitzt du im *Café Fáros* in Patras am schönsten. Du hast den ganzen Himmel voller Wolken und Blitze im Blick, draußen auf dem Wasser ziehen Fähren und Frachter vorbei und direkt vor dir brandet das aufgewühlte Meer an die Küste.

➤ S. 51, Achaía & Korinthía

BEST OF
LOW-BUDGET

FÜR DEN KLEINEN GELDBEUTEL

STILGESCHICHTE KOMPAKT

Die wohl eigenartigste Kirche Griechenlands steht bei *Mantínia*. Sie gleicht einem kuriosen Museum der architektonischen Stilgeschichte von der Antike bis heute. Eintritt wird hier ebenso wenig verlangt wie gleich gegenüber in den Ausgrabungen der antiken Stadt Mantinea.

➤ S. 90, Elis & Arkadien

BURG MIT KLOSTER

Für viele Burgen wird Eintritt verlangt. Nicht so in *Koróni*, wo dich zudem ein idyllisches Nonnenkloster und die Überreste einer frühchristlichen Basilika erwarten (Foto).

➤ S. 101, Messenien & Lakonien

GEWUSST, WANN UND WIE

Für viele archäologische Stätten und staatliche Museen wird an etwa 30 Tagen im Jahr kein Ticket verlangt, z. B. sonntags zwischen November und März. Wer das weiß, kann durch die richtige Terminwahl leicht ein paar Euro sparen. Auch ein Kombiticket hilft oft beim Sparen.

➤ S. 128, Gut zu wissen

WELLNESS FÜR DEN GELDBEUTEL

Im strandnahen Eukalyptuswald um das kleine, alte Kurhaus von *Loutrá Killínis* liegt der warme Heilschlamm für alle frei zugänglich gleich neben römischen Thermen. Wer mag, bedeckt sich mit dem Geschenk der Natur, kratzt es später mit einem Stöckchen wieder ab und duscht unter freiem Himmel – kalt, aber kostenlos.

➤ S. 85, Elis & Arkadien

IM ANTIKEN MUSIKTHEATER

Anders als für die meisten anderen antiken Stätten wird für das römische *Odeion* in Patras kein Eintritt erhoben. Das Musiktheater ist ein idealer Ort für eine Verschnaufpause während eines Stadtrundgangs.

➤ S. 48, Achaía & Korinthía

BEST OF MIT KINDERN

SPANNENDES FÜR GROSS & KLEIN

BIMMELBAHN FAHREN

In *Nauplia* fährt am Hafen ein bunter Minizug auf Gummirädern den ganzen Sommer über sowie an Winterwochenenden zu einer 20-minütigen Stadtrundfahrt ab. Kinder haben ihren Spaß und die Großen verschaffen sich einen Überblick über das Städtchen. Kleine unter fünf Jahren zahlen nichts dafür (Foto).

➤ S. 62, Argolís

UM DIE WETTE RENNEN

Anders als in Olympia darf man im antiken Stadion von *Neméa* auch gern ganz persönliche Wettläufe unternehmen, ohne dass einen ein Wärter zurückpfeift.

➤ S. 46, Achaía & Korinthía

SCHILDKRÖTEN FÜTTERN

Wenn du an den See in *Kaiáfas* fährst, nimm trockenes Brot oder Zwieback mit: Damit können deine Kinder am Seeufer auf Höhe des Kurzentrums bei Sonnenschein Hunderte von Sumpfschildkröten und kleine Fische füttern.

➤ S. 86, Elis & Arkadien

KLEINPFERDE REITEN

Iris Bahlinger ist auf ihrer *Peripetia Horse Farm* bei Chráni ganz auf Familien eingestellt. Kinder können hier nicht nur reiten, sondern dürfen sich zudem auch intensiv um die Vierbeiner kümmern.

➤ S. 34, Sport

TOBEN & SPIELEN

Als Belohnung fürs intensive Sightseeing in der Stadt oder als Wartezeitverkürzer vor der Fährüberfahrt nach Italien eignet sich die *Petite Boutique* in Patras ganz besonders. In diesem Indoor-Spielparadies schnappen die Kleinen sicherlich auch ein paar Worte Griechisch auf. Und die Betreuer sind echt nett!

➤ S. 50, Achaía & Korinthía

SCHIFFE & SOUFLAKI
Von der Brücke über den *Kanal von Korinth* blickst du nicht nur auf mächtige Schiffe hinab, sondern siehst auch wagemutigen Bungeespringern zu. Sich hier an einem Souflakigrill kleine Fleischspieße zu holen ist ein hellenisches Ritual.
➤ S. 42, Achaía & Korinthía

WEHRHAFT WOHNEN
Die raue Landschaft der Máni wird von *historischen Wohntürmen* geprägt, die vom früheren Brauch der Blutrache zeugen. In Areópoli kannst du in einigen ganz friedlich in authentischem Ambiente übernachten.
➤ S. 111, Messenien & Lakonien

WASSERKRAFT & WIRTSCHAFTSBLÜTE
Das grüne Loúsios-Tal erzählt im *Water Power Museum* in der Nähe von Dimitsána, wovon die Menschen dieser Bergregion früher lebten. Du spazierst von Mühle zu Mühle, von Werkstatt zu Werkstatt und verstehst, warum das Dorf vor 200 Jahren so wohlhabend wurde.
➤ S. 90, Elis & Arkadien

MEERESFRÜCHTE ZUM OUZO
Fisch zählt auf dem Peloponnes zu den Grundnahrungsmitteln. In den *Ouzerien* an der Hafenfront von Gíthio genießt du ihn frisch und relativ preiswert im Anblick von Fischkuttern und Möwen (Foto) und bestellst dazu ganz griechisch eine kleine Karaffe Ouzo.
➤ S. 112, Messenien & Lakonien

WEINPROBE BEIM WINZER
Neméa ist eine der berühmtesten Weinbauregionen des Landes. In kleinen Weinkellereien begrüßt dich der Winzer meist persönlich und lässt dich seine Tropfen verkosten. Die renommierteste von allen ist die des Weinguts *Palývou* in Archéa Neméa.
➤ S. 47, Achaía & Korinthía

SO TICKT DER PELOPONNES

Für das griechische Alphabet braucht man mehr als eine Eselsbrücke

ΠΡΟΣ
ΠΑΡΑΛΙΑ
TO BEACH

ENTDECKE DEN PELOPONNES

Kafeníon und Ouzerie: zwei Fixpunkte im alltäglichen Leben der Griechen

Gut gewählt! Mit dem Peloponnes hast du dir ein Ziel ausgesucht, wo du deinen Urlaub jeden Tag anders verbringen kannst. Mal am Meer, mal im Hochgebirge. In kleinen Städten und in weltabgeschiedenen Bergdörfern. Mit Wanderungen und Wassersport. In Orangen- und Olivenhainen, in Kastanienwäldern und Weinbergen, an Wildwasserflüssen oder unter steilen Felswänden. Und auf jeden Fall zwischen ganz viel Geschichte.

NATUR SATT

Eine Reise über den Peloponnes ist eine Reise durch 100 verschiedene Landschaften, die zudem von Jahreszeit zu Jahreszeit ihr Aussehen ändern. Die mehr als 2000 m hohen Gebirge sind oft noch Anfang Mai schneebedeckt, wenn an den Küsten bereits das Badeleben beginnt. Hügel und Berge umschließen immer wieder neue Hochtäler und fruchtbare Ebenen, die wie in sich abgeschlossene Welten wirken und oft eine jahrtausendealte, an Tempel- und Palastresten

1580–1100 v. Chr. Mykenische Zeit: erste europäische Hochkultur

740–720 v. Chr. Sparta unterwirft Messenien

492–479 v. Chr. Perserkriege

431–404 v. Chr. Peloponnesischer Krieg; Sparta siegt über Athen

338–146 v. Chr. Hellenismus: Philipp II. von Makedonien eint ganz Griechenland

146 v. Chr.–395 n. Chr. Römische Herrschaft

395–1204 Oströmisch-byzantinische Zeit

noch sichtbare Geschichte haben. Lange Sandstrände, einsame Dünenstreifen und eindrucksvolle Steilküsten säumen das Ionische Meer und die Ägäis. Auch entlang des Korinthischen Golfs wird an vielen, überwiegend schmalen und kieseligen Stränden gebadet.

Der bis zu 250 km lange und ähnlich breite Peloponnes ist weitgehend ländlich geprägt. In der Argolís, der Region um Nauplia und Mykene, bilden Millionen von Orangen- und Zitronenbäumen eine vitaminreiche Vegetation. Messenien im Südwesten gleicht in weiten Teilen einem unendlichen Olivenhain. In den breiten Küstenebenen im Nordwesten werden Tomaten und Erdnüsse angebaut. Überall im Flachland wachsen Trauben für Wein, Korinthen und Sultaninen. Künstliche Bewässerung macht vielerorts die Landwirtschaft lohnend, sodass auch die jungen Leute in ihren Heimatdörfern bleiben.

URIGE DÖRFER

INSIDER-TIPP
Gute Sounds in kleinen Dörfern

Das prägt auch das Leben in den Dörfern und Kleinstädten. Die traditionellen Kaffeehäuser sind an jedem Vormittag und frühen Abend gut besucht. Für die Jugend gibt es selbst in kleinen Orten moderne Cafés und Bars, in denen sie sich getrennt von den Alten bei eisgekühltem *café frappé* oder *freddo espresso* und internationalem Sound treffen. Alte Leute ziehen morgens noch immer mit Maultier und drei Ziegen vom Dorf aufs Feld und mittags zurück, während ihre Enkel vielleicht in Patras oder Trípoli studieren oder in den Küstenhotels Geld verdienen. Nicht alle jungen Männer, die man in den Dörfern sieht, sind Griechen: Zehntausende Al-

1204–1249 Kreuzritterherrschaft

1262 Rückeroberung durch Byzanz

1446–1460 Die Türken erobern den Peloponnes

1821–1828 Griechischer Freiheitskampf gegen die Türken

1940–1949 Deutsche Besatzung und Bürgerkrieg

2010–2018 Schwere Finanz-, Wirtschafts- und Gesellschaftskrise

2020–2023 Wirtschaftliche Erholung trotz Pandemie und Putins Krieg baner und andere Osteuropäer, Schwarzafrikaner und Pakistaner verdingen sich auf dem Peloponnes als Land- oder Bauarbeiter. Viele Mittel- und Nordeuropäer nennen zudem hier ein Ferienhäuschen ihr eigen.

NETTE STÄDTCHEN

Nur drei Städte auf dem von mehr als 1 Mio. Menschen besiedelten Peloponnes haben mehr als 30 000 Bewohner: Kalamáta im Süden, Patras, die mit rund 215 000 Einwohnern größte Stadt des Peloponnes, und Korinth an der Nordküste. Schwerindustrie oder umweltbelastende Betriebe gibt es praktisch nirgends, nur bei Megalópolis verpestet ein Braunkohlekraftwerk die Luft. Patras und Korinth sind die beiden wichtigsten Eingangstore: Patras als Hafen für die Italienfähren, Korinth als die Stadt am Kanal, über den eine Eisenbahn- und vier Straßenbrücken ins 80 km entfernte Athen führen. Der Kanal durchschneidet seit 1893 den nur 5600 m schmalen Isthmus, der bis dahin den Peloponnes als Landbrücke mit dem griechischen Festland verband.

5000 JAHRE GESCHICHTE

Auch die bedeutendste Burg des frühen Griechenlands, Mykene, liegt auf dem Peloponnes. Die mykenische Kultur prägte ganz Hellas zwischen 1580 und 1100 v. Chr. Viele der mythischen Figuren, die wir aus den Tragödien der drei großen Athener Theaterdichter Aischylos, Euripides und Sophokles kennen, waren Herrscher in Mykene. Als Nachkommen des Pelops, dessen Geschlecht wegen eines Königsmords in Olympia unter einem bösen Fluch stand, wurden sie zu Figuren antiker Kriminalgeschichten: z. B. Atreus, der die Kinder des Thyestes schlachtete, um sie ihm anschließend zum Versöhnungsmahl vorzusetzen. Einige antike Tragödien werden in der Nähe Mykenes im Sommer im antiken Theater von Epidauros aufgeführt. Solch ein Theaterabend unterm Sternenhimmel wird zum unvergesslichen Erlebnis. Immer wieder schweift der Blick über Orchestra und Bühne weit in die wie Seelenbalsam wirkende Landschaft hinaus; dazu hörst du als Begleitmusik die unermüdlichen Zikaden.

Die Geschichte des Peloponnes war immer wieder von kriegerischen Auseinandersetzungen geprägt. Jahrhundertelang bestimmte der Gegensatz zwischen dem aristokratischen Sparta und dem demokratischen Athen die Geschicke des klassischen Hellas. Die Habgier Venedigs sorgte 1204 dafür, dass das Byzantinische Reich zerfiel. Die folgenden zweieinhalb Jahrhunderte standen im Zeichen byzantinischer Rückeroberung des Peloponnes.

Nach dem Fall Konstantinopels 1453 und der Eroberung Griechenlands durch die Türken wurde das Osmanische Reich zum neuen Widersacher Venedigs auf der Insel des Pelops. Von Venedig und Byzanz zeugen noch zahlreiche Bauwerke. Neben vereinzelten Burgen, Kirchen und Klöstern sind es vor allem zwei Stadtensembles, deren Besuch Höhepunkte jeder Peloponnesrundreise sind: Mistrás und Monemvassía.

AUF EINEN BLICK

1.052.000
Einwohner

Köln: 1.073.000

11,74 %

aller Griechen leben hier

962 km
Küstenlänge

Küstenlänge von Nord- und Ostsee in Schleswig-Holstein (ohne Inseln): 530 km

21.501 km²
Fläche

Hessen: 21.115 km²

HÖCHSTER BERG: PROFÍTIS ILÍAS

2407 m

MINDESTLOHN

713 EURO

gezahlt 14-mal im Jahr

SO VIELE DÖRFER ZÄHLT DIE HALBINSEL

1753

6 UNESCO-WELTERBESTÄTTEN
Bassai, Epidauros, Mistrás, Mykene, Olympia, Tiryns

PATRAS

Größte Stadt mit 215.000 Einwohnern

PALAMIDIS
gilt als Erfinder des Würfelspiels

20 CENT PRO KILO
bekommt der Mandarinenbauer. Was zahlst du?

DEN PELOPONNES VERSTEHEN

DER ODER DIE – WIE DENN NUN?

Bei uns ist der Peloponnes männlich, für die Griechen ist er weiblich: Sie sagen „die Peloponnes" statt „der Peloponnes". Reine Geschmackssache – beides ist richtig.

KRASSE TYPEN

Die antiken Götter saßen nicht hochehrwürdig im Jenseits herum und hörten sich die Halleluja-Gesänge von Wolke 7 aus an. Sie tafelten fröhlich auf dem Olymp, Griechenlands höchstem Berg, und mischten sich eifrig unter die Menschen. Sie hatten Kinder, Geschwister und Affären. Jeder Gott hatte seine besonderen Aufgaben und jeweils eine Reihe von Städten, die unter seinem Schutz standen. So erbaute auch jede Stadt einen Tempel für ihren Gott. Daneben gab es gesamtgriechische Heiligtümer wie Olympia, die allen Hellenen besonders viel bedeuteten. Die Römer übernahmen später die meisten Götter der Griechen und gaben ihnen lateinische Namen. Da diese bei uns oft bekannter sind, stehen sie im Folgenden in Klammern.

Göttervater Zeus (Jupiter) war der mächtigste Gott. Ihm zu Ehren wurden die Olympischen Spiele veranstaltet. Zeus' Brüder waren Poseidon (Neptun), der für das Meer und Erdbeben zuständig war und dem man einen Tempel in Isthmía bei Korinth widmete, sowie Hades (Pluto), der Gott der Unterwelt. Stets eifersüchtige Gemahlin des Zeus war Hera (Juno). Ihr war ein Tempel in Olympia geweiht; ihr größtes Fest wurde alljährlich im Heraion bei Árgos begangen.

Aus einem der vielen außerehelichen Verhältnisse des Zeus ging Apoll hervor, der Gott der Schönheit, der Dichtkunst und des Lichts. Die bedeutendsten ihm geweihten Tempel standen an der Agorá von Korinth und im einsamen Bassai. Seinem Sohn Asklípios (Äskulap), dem Gott der Heilkunst, wurde besonders in Epidauros gehuldigt.

Die schöne Aphrodite (Venus), die Göttin der Liebe, war mit dem hinkenden Schmiedegott Hephaistos (Vulcanus) zwangsverheiratet worden. Da ging sie oft fremd, am liebsten mit Kriegsgott Ares (Mars). Ihr bedeutendstes peloponnesisches Heiligtum lag in Akrokorinth.

Dionysos (Bacchus) schließlich war der Gott der Fruchtbarkeit. Als Gott des Theaters wurden ihm in Epidauros und in jedem griechischen Theater vor den Aufführungen Opfer dargebracht. Als Gott des Weins wird ihm noch heute eifrig gehuldigt.

AUS- UND UMSTEIGER

Träumst auch du davon, mal in Hellas zu leben? Vor allem die Gegenden um Koróni und Pórto Héli sind wegen ihres besonders milden Klimas seit den 1980er-Jahren bevorzugte Gebiete deutscher und österreichischer Aus- und Umsteiger. Dementsprechend groß ist dort die Zahl deutschsprachiger Immobilienmakler.

GEHEIMNISVOLLES BYZANZ

Byzanz begegnet dir mindestens ebenso häufig wie die Antike. Mistrás war eine der byzantinischen Metropolen des späten Mittelalters. Byzantinische Kirchen, Klöster und Burgen sind allgegenwärtig. Doch was war dieses Byzanz? Das Byzantinische Reich ging im 6. Jh. aus dem Oströmischen Reich hervor. In der Frühzeit erstreckte es sich bis nach Vorderasien, Nordafrika und Spanien. Sein Niedergang begann 1204 mit der Eroberung der Hauptstadt von Byzanz, Konstantinopel (heute Istanbul), durch Venedig und die westlichen Kreuzritter, in deren Folge auch der Peloponnes zu einem von Kreuzrittern beherrschten Fürstentum wurde. Mit dem Fall Konstantinopels 1453 kam auch für das byzantinische Despotat von Mistrás das endgültige Ende.

Mildes Klima, schöne Bucht – kein Wunder, dass viele Deutsche nach Koróni auswandern

DEUTSCHSTUNDEN

Das griechische Wort *frondistírio* bedeutet Nachhilfestudio. Solche *frondistíria* machen nicht nur in allen Städten, sondern auch in vielen größeren Dörfern durch große Werbetafeln auf sich aufmerksam. Kaum ein griechischer Schüler kommt ohne sie aus – sicher kein gutes Zeugnis fürs

Távli, das griechische Backgammon, ist in vielen Cafés und Bars allgegenwärtig

griechische Bildungssystem. Im Zeichen der Krise leiden auch diese Studios unter den Einkommenskürzungen vieler Eltern, was auch die vielen dort beschäftigten Lehrer, die ohnehin starke Gehaltseinbußen hinnehmen mussten, schmerzhaft zu spüren bekommen. Einen gewissen Ausgleich schaffen Akademiker wie Ärzte und Ingenieure, die sich durch ein Deutschstudium einen besseren Zugang zum Arbeitsmarkt bei uns verschaffen wollen.

ABERGLAUBE?

Eine Kirche ohne Ikonen ist in Hellas unvorstellbar. Sie hängen auch in Supermärkten, Tavernen und sogar in Diskotheken – da meist neben der Kasse. Diese Tafelbilder von Heiligen und biblischen Ereignissen sind dabei etwas ganz anderes als fromme Malereien in unseren Gotteshäusern. Für orthodoxe Gläubige sind sie gleichsam Tore zum Himmel. Verehrt werden nicht die Bilder, sondern die auf ihnen Dargestellten. Der Gläubige küsst nur scheinbar das Bild, in Wahrheit aber den Heiligen. Ihm schenkt er das Edelmetall, mit dem viele Ikonen überzogen sind, die kostbaren Vorhänge, Ringe, Edelsteine und Uhren, die man an manchen Ikonen sieht.

ZWEI MÄNNER AM TISCH

Zwei Männer sitzen am Tisch, ein Spielbrett mit zwei winzigen Würfeln und dicken, runden Plastikknöpfen in zwei Farben zwischen sich. Die Köpfe sind gesenkt, alle Muskeln angespannt, Zuschauer sitzen drum herum. Távli heißt das Spiel, die griechische Version des Backgammon. Es gehört genauso zum Leben der meisten Männer und so manch jüngerer griechischer Frau wie der Autoschlüssel und das Handy auf dem Tisch. In fast jedem Café und in vielen Bars kann man das Spiel ausleihen, die Regeln werden gegoogelt.

ALLZWECK-KETTCHEN

Vor allem bei älteren Männern und in Souvenirgeschäften sieht man es viel: das *komboloi*. Es wirkt wie ein katholischer Rosenkranz, ist aber die Abwandlung einer türkischen Gebetskette. Die Griechen übernahmen sie, weil man so schön damit spielen kann. Außerdem gilt der *kómbos,* der Knoten, der die Kette zusammenhält, als Glücksbringer. Angeblich ist sie auch nützlich, um sich das Rauchen abzugewöhnen.

BADEN GEHEN

Fast die gesamte Westküste des Peloponnes wird von schier unendlichen Sandstränden gesäumt, oft von einem niedrigen Dünengürtel und stellenweise von uralten Küstenwäldern eingefasst. Besonders viele Strände gibt es zwischen Koróni und Finikoúnda im Südwesten, an der Bucht von Gíthio, an der Südküste der Argolischen Halbinsel und entlang des gesamten Korinthischen Golfs. Kleinere Strandbuchten sind sogar noch auf der von Steilküsten geprägten Máni zu finden. Strandtavernen, Liegestuhl- und Sonnenschirmvermieter halten oft auch einfache Stranduschen bereit. Um-

KLISCHEE KISTE

ALLE GRIECHEN TANZEN SIRTÁKI

Der Sirtáki ist seit der Verfilmung von „Aléxis Sorbás" für alle Welt zum Inbegriff des griechischen Tanzes geworden. Dabei wurde er speziell für diesen Filmklassiker und seinen Hauptdarsteller Anthony Quinn neu komponiert und choreografiert. Griechen legen diesen Sorbás-Tanz nur ganz selten aufs Parkett. Meist wollen die Tänzer damit dann ausländische Touristinnen beeindrucken. Richtig am Klischee ist allerdings, dass die traditionellen griechischen Volkstänze auch bei der Jugend hoch im Kurs stehen und zu jedem Anlass dazugehören.

NICHTS ÜBERSTÜRZEN

Niemand weiß, was morgen ist. Die Griechen treffen deshalb erst gar keine langfristigen Voraussagen. Viele Großveranstaltungen und Festivals – bei uns ein Jahr im Voraus geplant – werden nur wenige Tage vorab angekündigt. Fahrpläne und Öffnungszeiten von Museen findet man oft erst dann im Netz, wenn sie sich schon ein paar Tage bewährt haben. Auch bei persönlichen Verabredungen bleibt man gern vage. Man verabredet sich für den Vor- oder Nachmittag, den Abend oder die nächste Woche und fügt auf jeden Fall ein *ta léme* hinzu: „Wir sprechen noch mal drüber."

Men in Black: Die orthodoxen Priester tragen ein schwarzes Gewand

kleidekabinen findet man hingegen kaum, selbst Bars oder Tavernen fehlen an vielen Stränden. Auf eine Art Baywatch muss man fast immer verzichten – an griechischen Stränden ist jeder Badende für sich selbst verantwortlich. Badeschuhe, in Küstenorten in vielen Supermärkten und Souvenirshops erhältlich, leisten häufig gute Dienste (Kiesstrände, Seeigel, heißer Sand).

GLÜCK ZU VERKAUFEN

In allen Städten und vielen Dörfern ziehen Losverkäufer durch Straßen und Tavernen. Sie bieten Glückstickets für die staatliche Zahlenlotterie an, deren Ziehung jeweils montagabends erfolgt. Schon mit einem mittleren Gewinn kannst du deinen Urlaub verlängern. Sie halten aber auch Rubbellose bereit, mit denen du sofort kleinere Geldgewinne erzielen kannst. Die Lizenz als Losverkäufer erhalten nur Alte und sozial Schwache als eine Art staatliche Fürsorge.

GANZ SCHÖN FROMM

Nahezu alle Hellenen bekennen sich zum griechisch-orthodoxen Christentum. Christen anderer Konfessionen gelten als Anhänger eines Irrglaubens, denen der Weg in den Himmel versperrt ist. Zum Schisma, der offiziellen Kirchenspaltung, kam es bereits 1054. Urlaubern fallen zunächst die Kirchen und die vielen kleinen Kapellen auf. Viele sind weiß gekalkt, alte byzantinische Gotteshäuser sind unverputzt und zeigen ein schönes Mauerwerk aus Bruchsteinen und Ziegelsteinbändern. Kirchtürme sind selten, Kuppeln

häufig. Beichtstühle und Weihwasserbecken fehlen, dafür ist das Mauerwerk innen oft mit Fresken überzogen. Altar- und Gemeinderaum trennt eine Bilderwand, die Ikonostase.
Überall auf dem Peloponnes begegnet man orthodoxen Priestern, die lange, dunkle Gewänder, einen üppigen Bart und eine hohe Kopfbedeckung tragen. Sie sitzen in Kaffeehäusern, verrichten Feldarbeit und sind auch als Händler auf den Märkten tätig. Viele haben Familie, da sie vor der Priesterweihe heiraten dürfen.

ENTÁXI & ENTÉCHNO

Wenn ein Grieche *entáxi* sagt, will er kein Taxi, sondern meint „okay". *Entéchno* ist eine ähnliche Wortfalle – und als Musikrichtung in aller Munde. Techno ist damit aber ganz und gar nicht gemeint – *entéchno* steht vielmehr für rockige Balladen mit griechischem Text, meist von einem Solisten vorgetragen und nur von einer Gitarre begleitet. Das mag sich auch anhören, wer kein Technofreak ist.

BUCHSTABENRÄTSEL

Die meisten Griechen hassen Regeln. Sie kennen auch keinen griechischen Duden. Das kann Ausländer manchmal zur Verzweiflung treiben. Auf Schildern, Wegweisern und Landkarten werden viele Ortsnamen manchmal schon auf Griechisch unterschiedlich geschrieben. Und mit lateinischen Buchstaben erst recht. *Agia* zum Beispiel, was „Heilige" bedeutet. Mal steht da *Agía* wie in diesem MARCO POLO Führer, dann wieder *Aghia* oder *Ayia*. Alle drei Versionen sind korrekt – wo es wenig Regeln gibt, gibt es auch weniger Fehler. Und uns bleibt nichts anderes übrig, als findig zu sein.

KRISENBEWÄLTIGUNG

Zwischen 2010 und 2019 durchlitt Griechenland eine schwere Wirtschafts- und Finanzkrise. Der Staatsbankrott konnte nur durch ausländische Darlehen, die Kürzung von Sozialleistungen und Renten, Steuererhöhungen und die Privatisierung von Staatsunternehmen wie Containerterminals, Flughäfen und der griechischen Bahn verhindert werden. Seit 2019 zahlt Griechenland seine Schulden zum Teil sogar vorzeitig zurück. Mit der Wirtschaft geht es vor allem dank Tourismus und Schifffahrt wieder bergauf. Inzwischen liegt die Quote der armutsgefährdeten Bürger nach Einbezug von Sozialleistungen in Griechenland sogar unter der Deutschlands.

STOLPERFALLEN

Berlinern fällt's wohl am schwersten: aufs Wörtchen „Nee" zu verzichten. Das kann auf dem Peloponnes allerdings unerwartete Folgen haben. Griechen geben sich nämlich das Nee-Wort (ausgesprochen allerdings nicht mit lang gezogenem, sondern mit kurzem e), wenn sie heiraten: Es bedeutet ganz einfach ja.
Auch ohne Worte stiften ja und nein Verwirrung: Viele Griechen sprechen die beiden Wörter nicht aus, sondern reagieren ohne Worte. Ein sanftes Kopfschütteln bedeutet ja, das Hochziehen der Augenbrauen nein. Wer's nicht sieht, wartet vergeblich auf Antwort.

ESSEN SHOPPEN SPORT

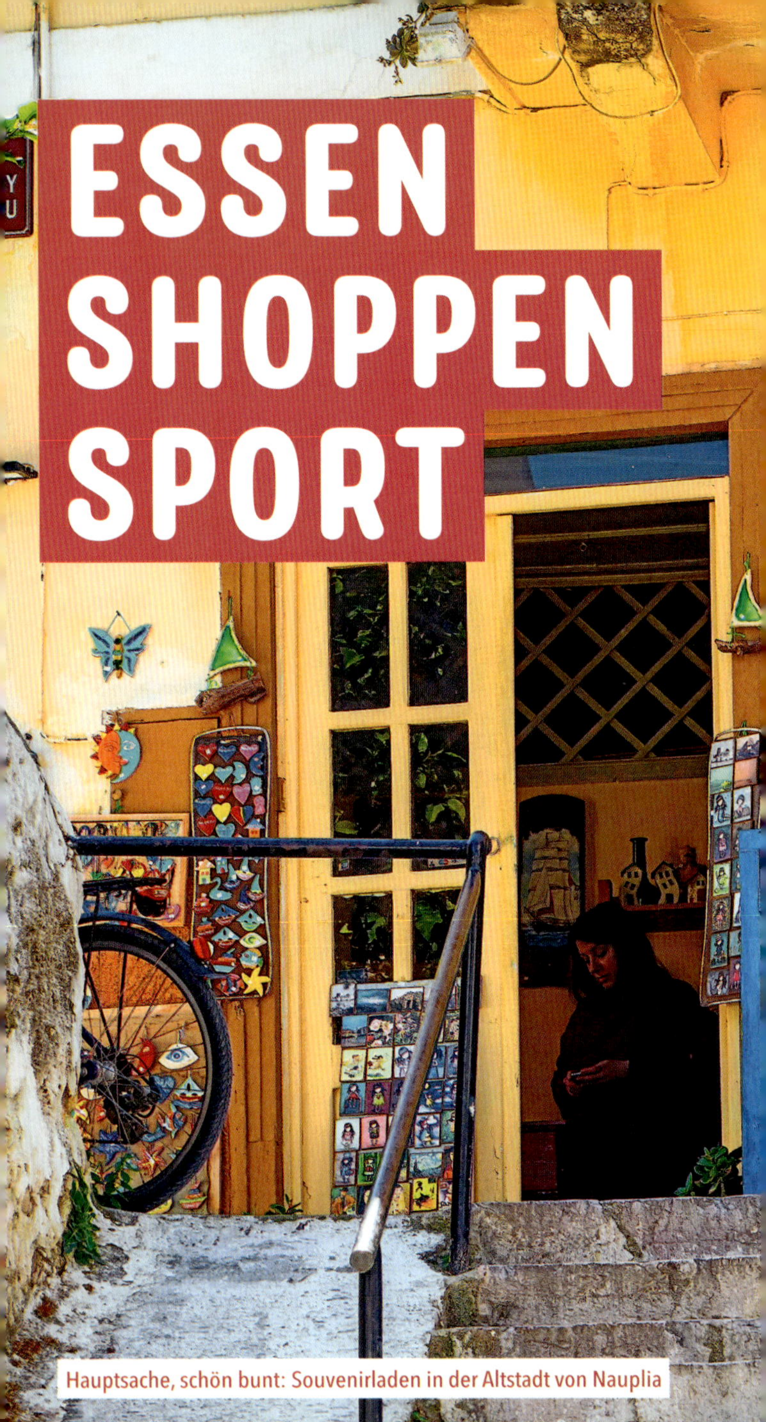

Hauptsache, schön bunt: Souvenirladen in der Altstadt von Nauplia

ΓΕΝΕCIC
ΕΡΓΑCΤΗΡΙΟ ΚΕΡΑΜΙΚΗC
ERAMIC WORK SHOP

ESSEN & TRINKEN

Die Griechen hassen Vorschriften und lassen sie sich auch beim Essen und Trinken nur ungern machen. Fast alle Restaurants und Tavernen bieten von vormittags bis Mitternacht durchgehend warme Küche und kennen keine Ruhetage. Auch wenn du zu zweit nur ein Gericht bestellst, bringt der Kellner zwei Bestecke – und den Salat kann man sich ebenso wie die Flasche Bier auch gern teilen.

Auf dem Peloponnes musst du dich nicht mit schwer verständlichen Speisekarten herumschlagen. Die Wirte zeigen offen, was sie zu bieten haben. In den Tavernen stehen alle gekochten und geschmorten Gerichte in Töpfen und Kasserollen im verglasten Warmhaltetresen. Manchmal dürfen die Gäste sogar noch trotz gegenteiliger EU-Vorschriften in der Küche in die Töpfe schauen. Fleisch und Fisch zum Grillen und Braten liegen in Kühltresen oder im Kühlschrank, der für die wählenden Gäste geöffnet wird. Tellergerichte mit Fleisch, Gemüse, Kartoffeln und Salatschälchen sind in Hellas nämlich weitgehend unbekannt. Gemüse und Salat sind immer ein eigenständiges Gericht auf eigenem Teller, nur Fleisch und Kartoffeln (meist Pommes frites) werden automatisch zusammen serviert. Die Salate sind groß und reichen fast immer für zwei bis drei Personen aus.

DIE PARÉA ZÄHLT

„Alleine essen kann ich auch zu Hause", sagen sich nahezu alle Griechen. Schwuppdiwupp trommeln sie Freunde und Verwandte zusammen und gehen gemeinsam in die Taverne. Deswegen gibts Zweiertische fast nur dort, wo man vor allem auf Touristen wartet. In einer solchen Tischgemeinschaft, von den Griechen *paréa* genannt, bestellt keiner für sich allein.

An einem üppigen griechischen Salat (li.) kann man sich in der Sommerhitze satt essen

Man lässt zunächst eine Vielzahl verschiedener Salate und leckerer Vorspeisen auffahren, von denen jeder nimmt, was er mag. Danach wird Fisch oder gegrilltes Fleisch auf großen Platten bestellt, die dann wiederum für alle gemeinsam auf den Tisch kommen. Ein kleiner Nachtisch geht fast immer auf Kosten des Hauses.

Möchtest du allein oder in trauter Zweisamkeit essen, kannst du natürlich auch auf gewohnte Art pro Person bestellen – mehr Spaß macht aber auf jeden Fall die griechische Gepflogenheit, möglichst viele verschiedene Gerichte zu ordern. So erlebst du das ganze Spektrum der griechischen Kochkunst am besten. Und wenn der Kellner leer gegessene Teller zwischendurch nicht abräumt, ist das keine Nachlässigkeit, sondern Höflichkeit: Die anderen Gäste sollen sehen, dass ihr euch ein üppiges Essen habt leisten können.

SIDER-TIPP
Tapas nach griechischer Art

Ein traditioneller griechischer Lokaltyp sind die Ouzerien. Sie werden auch *tsipourádika* oder *mezedopolía* genannt. Die meisten Einheimischen trinken hier kleine Karaffen oder Fläschchen des Nationalgetränks Ouzo, eines Anisschnapses. Fast ebenso beliebt ist als Tischgetränk der *tsípouro,* ein aus Traubenrückständen destillierter Tresterschnaps. Er stammt meist von der Insel Kreta, wo er auch *rakí* genannt wird. Aber natürlich serviert man dir auch in diesem Lokaltyp Wein, Bier und Softdrinks. Dazu werden Oktopus, kleine Fisch- und Fleischgerichte, Salate, Oliven, Gurken und Tomaten serviert. Im Unterschied zu anderen Lokalen bestellt man hier von vielem wenig. Du kannst die Auswahl auch dem Wirt überlassen und einfach *pikilía* oder *mezédes* (gemischte Vorspeisenplatten) ordern.

LECKERES ZWISCHENDURCH

Für den kleinen Hunger ist die *psistariá*, die Imbissstube, eine gute Alternative. Dort kannst du im Stehen oder Sitzen *gýros* vom Huhn oder Schwein mit *pítta* (einer Art Fladenbrot) oder als Tellergericht *(merída)* bestellen, Frikadellen, Landwurst und häufig auch Hähnchen. Pommes gehören immer dazu. Eine Fundgrube für Leckeres sind auch die vielen Bäckereien. Da bekommst du neben diversen Croissants, den Sesamringen *kouloúria* und Pizzaecken auch diverse Strudelteigtaschen *(píttes)*, gefüllt mit Schafskäse, Spinat, süßem Grieß oder Wiener Würstchen.

Griechisches Urlaubsvergnügen: essen unter freiem Himmel

KAFFEE IN ZIG VARIANTEN

Griechische Kaffeehäuser sind Treffpunkte der Männerwelt. Jedes Dorf hat mindestens ein solches *kafeníon*, meist gleich mehrere *kafenía*. Man sitzt beieinander, um über Gott und die Welt zu reden, um *távli*, Karten oder Dame zu spielen. Wer Kaffee bestellt, muss immer sagen, wie er ihn wünscht. Beim griechischen Kaffee wird nämlich das Wasser zusammen mit dem Kaffeepulver und dem Zucker aufgekocht. *Kafé ellinikó* gibt es in vielen Varianten: *skétto*, ohne Zucker; *métrio*, mit etwas Zucker; *glikó*, mit viel Zucker; *dipló*, als doppelte Portion. Löslichen Kaffee bestellt man grundsätzlich als *neskafé* – entweder *sestó*, heiß, oder *frappé*, kalt mit Eiswürfeln. Aktuell im Trend sind zudem *Freddo Cappuccino* und *Freddo Espresso*. Am besten sagst du auch hier den gewünschten Süßegrad dazu.

GRIECHISCHER WEIN

Die Qualität der griechischen Weine hat sich seit Udo Jürgens' Gassenhauer erheblich gesteigert. Längst sind die Zeiten vorbei, in denen einige wenige Großkellereien den Markt beherrschten. Weit über 500 kleine Kellereien in ganz Griechenland haben inzwischen Rang und Namen. Viele davon sind auf dem Peloponnes angesiedelt. Erfreulicherweise basieren die meisten Weine auf einer der über 300 autochthonen, also seit alters her in Griechenland heimischen Rebsorten. Aber auch Cuvées mit Trauben wie Syrah, Pinot blanc und Chardonnay haben inzwischen ihre Liebhaber gefunden.

Unsere Empfehlung heute

Vorspeisen

CHORIÁTIKI SALÁTA
Gemischter Salat mit Fetakäse und Kapernzweigen

FÁVA
Warmes Püree aus gelben Platterbsen mit Zwiebeln, Kapern und Olivenöl

DOLMADÁKIA
Mit Reis und Kräutern gefüllte Weinblätter, lauwarm serviert

PATSÁRIA
Mit ihren Blättern gekochte Rote Beete, serviert mit einem milden Knoblauch-Kartoffel-Püree

Fleischgerichte

MOUSSAKÁ
Auflauf mit Auberginen, Kartoffeln, Hackfleisch und Béchamelsauce

PASTÍTSJO
Auflauf mit Makkaroni, Hackfleisch und Béchamelsauce

STIFÁDO
Rindergulasch mit Zwiebelgemüse in roter Sauce

JEMISTÉS
Mit Reis, Kräutern und etwas Hackfleisch gefüllte Tomaten und Paprikaschoten

Fischgerichte

KAKAVIÁ
Fischsuppe nach Art einer Bouillabaisse

SUPJÉS JEMISTÉS
Mit Käse gefüllte Sepia-Tintenfische

MARÍDES
Knusprig ausgebackene kleine Fische, im Ganzen zu verzehren

KSIFÍA
Gegrilltes Schwertfischsteak, garantiert grätenfrei

Digestifs

TENTOÚRA
Kräuterlikör aus Patras mit starker Gewürznelkennote

METAXÁ
Namhaftester aller griechischen Weinbrände, aus Patras

SHOPPEN & STÖBERN

PACK DIE GÖTTER EIN

Antike Kunst kannst du als kunstvolle Kopien mit nach Hause nehmen. Lebensgroße Götterstatuen werden per Fracht in alle Welt verschickt, Schmuck oder bemalte Keramik passt ins Handgepäck. Besonders zahlreich sind entsprechende Shops in Olympia und Mykene. In Archéa Kórinthos darfst du mehreren Vasenmalern auch gern bei der Arbeit zuschauen.

FÜR KÜCHE & OPA

Aus Holz Geschnitztes wie Salatbestecke und Schüsseln findest du vor allem in Bergdörfern wie Vitína. Schnitzereien aus Olivenholz gelten als besonders wertvoll. Dein Opa freut sich vielleicht über einen stabilen Hirtenstock, auch wenn er keine Ziegen hütet.

SCHÖN GETÖPFERT

Landestypische Gebrauchskeramik wird von vielen Töpfereien entlang der Nationalstraße zwischen Pírgos und Patras sowie an der Straße von Gastoúni nach Vartholomío angeboten. Besonders liebevoll gestaltet ist das Keramikgeschäft *Museum Nicolas* in Kástro.

DEN PELOPONNES AM GAUMEN

Überall auf dem Peloponnes wird erstklassiges Olivenöl angeboten. Als besonders fein gelten die Öle aus Messenien, die du dort bei verschiedenen Bioproduzenten auch verkosten kannst. Als Speiseoliven sind die auch noch am Flughafen in Dosen erhältlichen Oliven aus Kalamáta die berühmtesten – im Sicherheitsbereich des Airports eingekauft, kann man sie ebenso wie alle anderen Flüssigkeiten auch im Handgepäck mit nach Hause nehmen. In vielen Bergdörfern kaufen griechische Urlauber handgemachte Nudeln aller Art ein. Besonders begehrt sind die *chilopittes,* winzige Pastablättchen, die man zwei Minuten in

Wiegt kaum was und passt bestimmt noch ins Gepäck: ein Salatbesteck aus Olivenholz (re.)

kochendes Wasser gibt und dann quellen lässt. Die Bergdörfer sind auch gute Bezugsquellen für getrocknete Kräuter und für farbenfroh in schöne Gläser eingelegte Früchte, Nüsse und Gemüse in Zuckersirup, die *gliká tou koutalioú.*

HELLAS AUF DER HAUT

Junge griechische Modedesigner haben es schwer, sich gegen die internationale Konkurrenz durchzusetzen. Nur vereinzelt findest du ihre Kreationen zwischen Mode aus aller Welt. Garantiert *made in Greece* sind Textilien und Accessoires bei *La Stampa (Odós Frantzí 9 | la-stampa.gr)* in Kalamáta.

GANZ SCHÖN CRAZY

An den Füßen spielen die Griechinnen gern völlig verrückt. Ob Highheels, Sandalen, Sneaker oder Stiefel – fast immer braucht es Mut, sie zu tragen. Fündig wirst du in allen Städten, besonders groß ist die Auswahl in Patras und Nauplia.

BLEIBENDE ERINNERUNG

Silber- und Goldschmiede, die ihre Ware noch selbst fertigen, sind vor allem in Nauplia versammelt. Im Bergdorf Stemnítsa haben sich einige Absolventen der dortigen Silberschmiedeschule als Schmuckkünstler niedergelassen.

FLÜSSIGE MITBRINGSEL

Kleine Privatkellereien gibt es jede Menge. Viele bieten Verkostungen an. Offenen Wein, von Bauern am Straßenrand angeboten, kaufst du besser nicht, denn er wird während des Transports oft zu Essig. Eine typisch peloponnesische Spirituose ist der dunkle Kräuterlikör *tentoúra* mit Gewürznelken als markanter Grundnote.

INSIDER-TIPP
Sehr bekömmlich!

SPORT

WANDERN

Der Peloponnes ist mit seinen vielen Gebirgen, einsamen Landstrichen und abwechslungsreichen Küsten ein ideales Wanderrevier. Gute Wanderkarten gibt es bei *anavasi.gr* sowohl in elektronischer als auch in gedruckter Form. Ein besonders gut ausgeschildertes Wegenetz ist im *Loúsios-Tal* bei Dimitsána geschaffen worden. Quer über den ganzen Peloponnes führt der ebenfalls gut markierte Europäische Fernwanderweg E4. Er beginnt in der Hafenstadt Égio östlich von Patras und führt in etwa 100 Wanderstunden über Kalávrita, Vitína, Trípoli und Sparta bis nach Gíthio (deutschsprachige Infos auf *e4-peloponnes.info*). Geführte Wanderreisen auf dem Peloponnes bieten zahlreiche Veranstalter an. Beim Wandern sollte man immer festes Schuhwerk und lange Hosen tragen: Die Pfade führen oft durch dornige Macchia und du kannst Giftschlangen begegnen, die allerdings normalerweise rasch flüchten. Wasserflasche und Kopfbedeckung sind ebenfalls wichtig.

MOUNTAINBIKING

Gute Kondition ist gefragt, wenn du den Peloponnes durchradeln willst. Hast du die, ist er mit seinen vielen nur wenig befahrenen Asphaltstraßen, unbefestigten Feldwegen und Gebirgspfaden ein ideales Revier. Gute Mountainbikes werden allerdings bisher nur in wenigen Orten (u. a. Koróni, Kardamíli und Stoúpa) und in einigen Großhotels vermietet, so im Hotel *Aldemar Olympian Village (aldemar-resorts.gr)* in Skafídia, im *Grecotel Lakopetra Beach (grecotel.com)* bei Káto Achaía, im *Grecotel Olympia Oasis (grecotel.com)* in Loutrá Killínis oder in den beiden Hotels im *Costa Navarino Resort (costanavarino.com).* Sehr knapp gehaltene Vorschläge für Tou-

Nicht nur wie hier im Saronischen Golf kann man wunderbar segeln

ren mit wichtigen Basisdaten erhältst du auf *outdooractive.com.*

WASSERSPORT

Vieles ist möglich – aber nur an relativ wenigen Stränden. Gut ausgerüstete Wassersportstationen findest du vor allem vor den wenigen Großhotels an der Costa Navarino und bei Loutrá Killínis an der Westküste. Als Hotspot für Windsurfer, Seekajakfahrer und Cat-Segler aus aller Welt hat sich *Alpha Watersports (Tel. 6945548027 | alphawatersports.com)* in Finikoúnda einen sehr guten Namen gemacht. Ganz in der Nähe bietet *Water & Sports (Lampés Beach | Tel. 1635899855 | waterandsports.net)* nicht nur Windsurfen, Wasserski und Stand-up-Paddling an, sondern für Kids auch Tretboote mit integrierten Rutschen. Gute Wassersportstationen findest du außerdem am Karathónas Beach von Nauplia und in Toló bei Nauplia. Zentrum des Tauchsports auf dem Peloponnes ist Pílos an der Bucht von Navarino *(Pílos Dive Center | Tel. 2723022408 | pilosmarine.com).*

SEGELN

Ein Tag unter Segeln bleibt einfach unvergesslich. Von Koróni aus kannst du Tages- und Mehrtagestörns auf einer niederländischen Yacht mit Skipper unternehmen: *Areion Sail | Tagestörn 60 Euro/Person | Tel. 6947503593 | areionsail.com*

KLETTERN

Immer mehr Kletterer entdecken den Peloponnes als Topdestination. Hier hängst du oft mit Meerblick in der Wand – und kannst gleich nach dem Klettern baden gehen. Über 3500 Routen sind bereits markiert, fast täglich werden es mehr. Die größte Auswahl hast du in Leonídio, wo alljährlich im November auch ein *Climbing*

Festival (climbinleonidio.com) veranstaltet wird. Das etwas südlich davon gelegene Dorf Kiparíssi ist die Nummer zwei. Gute Kletterregionen gibt es zudem bei Nauplia und bei Dídima in der Argolís. Alle Kletterregionen des Peloponnes findest du stets aktuell auf *thecrag.com.*

REITEN

Mit Kids unterwegs? Dann wird der Besuch auf der *Peripetia Horse Farm (Tel. 69 73 76 65 02 | peripetia horses.com)* von Iris Bahlinger in Chráni bei Koróni ein Urlaubs-Highlight werden. Fünf kleine Pferde aus regionaler Zucht stehen für Aktivitäten bereits für Vorschulkinder zur Verfügung. Einstündige Reitstunden *(33 Euro fürs erste, 22 Euro für jedes weitere Pferd)* sind ebenso möglich wie halbtägige Ausritte *(160 Euro für zwei Pferde).* Weitere Anbieter sind *Landlife (Tel. 69 72 01 12 00 | landlifetravel.com)* bei Nauplia und *Proastio Riding Centre (Tel. 69 74 83 08 24 | Facebook)* bei Stoúpa in der Máni.

GOLF

In ganz Griechenland gibt es nur sieben Golfplätze – zwei von ihnen liegen auf dem Peloponnes unmittelbar nebeneinander: *The Bay Course* und *The Dunes Course* an der Westküste nördlich von Pílos. *costanavarino.com*

ANGELN

Probier's doch einfach mal: Schnur und Haken bekommst du in jedem Küstenort an Kiosken oder in den Supermärkten. Brot reicht oftmals schon als Köder aus. Im Meer zu angeln ist

ohne Einschränkungen auch Urlaubern erlaubt.

TANZEN

INSIDER-TIPP Sei Aléxis Sorbás

Unterricht in griechischen Tänzen gibt *Ninette Lisson* jeden Dienstag von 20 bis 22 Uhr in ihrer Tanzschule *(Tel. 27 25 02 28 22)* am westlichen Ende der Uferpromenade von Gíthio. Der professionelle Tanzlehrer *Leónidas Efthymiádis (Tel. in D 0172 2 54 40 56 | tanz-der-griechen.de)* aus Mönchengladbach bietet mehrmals jährlich 14-tägige Tanzaufenthalte auf dem Peloponnes an.

YOGA

Einen Überblick über das Angebot auf dem Peloponnes bietet *bookyogare treats.com.* Besonders empfehlenswert ist das deutschsprachige *Yoga Retreat Home of Silence (Tel. 0043*

Ist das wirklich Griechenland? Ja, am Chelmós kann man noch im März snowboarden

66 42 07 01 00 | homeofsilence.com) über dem Neda-Tal bei Kyparíssia 70 km von Kalamáta. Dort werden von Ende Mai bis Mitte Oktober Kurse angeboten. Man wohnt in Zelten, in Holzlodges oder im Haupthaus, ein kleiner Pool ist auch vorhanden.

MARATHON

Marathon- und Langstreckenläufe sind in Hellas mega-in. Als Veranstaltungsorte sind u. a. Nauplia, Olympia Kalamáta und die Costa Navarino dabei. Einen kompletten Gesamtüberblick gibt *runningreece.com*.

WINTERSPORT

Wer hätte das gedacht? Auf dem Peloponnes gibt es drei vor allem an Wochenenden stets gut besuchte Wintersportgebiete. Skier kannst du dort ausleihen, Jausenstationen sind selbstverständlich. Das Revier am *Chelmós* bei Kalávrita ist von Weihnachten bis Ende März ziemlich schneesicher, am *Ménalon* bei Trípoli gibt es in dieser Zeit meist ebenfalls ausreichend Schnee. Das Skigebiet am Chelmós *(Kalavryta Ski Centre | Tel. 26 92 02 44 51 | kalavrita-ski.gr)* liegt zwischen 1650 und 2340 m hoch, verfügt über acht Lifte, elf markierte Pisten und eine präparierte Loipe. Die längste Abfahrt misst 3200 m über 640 Höhenmeter. Das Skigebiet am Ménalon liegt zwischen 1600 und 1980 m hoch und ist sehr viel einfacher. Hier gibt es drei Lifte, 6 km Pisten und eine Jausenstation. Jüngstes Skigebiet ist der Mount Ziria *(Ziria Ski Centre | Tel. 69 43 15 73 20 | ziriaski.gr)* in Korinthía auf 1500 bis 2374 m Höhe. Es gibt zwar nur zwei Lifte und Pisten (150 bzw. 400 m), dafür kann man hier aber auch mit viel Spaß Schneemobile oder ATV-Buggys fahren.

DIE REGIONEN IM ÜBERBLICK

Pátra
Égio
Eine Großstadt, schmale Strände und eine Zahnradbahn ins Gebirge

ACHAÍA & KORINTHÍA S. 38

Tehnití Límni Pinioú
Amaliáda
Olympia und Schäferidyllen, Berge und grüne Täler
Pírgos

ELIS & ARKADIEN S. 74

Trípoli
Iónio Pelagos

MESSENIEN & LAKONIEN S. 94

Spárti
Tolle Strände, bizarre Dörfer, viele historische Stätten

Mesógeios

ELLÁDA
Kórinthos
Nafplio
ARGOLÍS S. 54
Jede Menge Geschichte, ein schönes Städtchen und ein Vulkan
Mirtóo Pélagos
20 km
12.43 mi

ACHAÍA & KORINTHÍA

DEN KORINTHISCHEN GOLF VOR AUGEN

Im Norden des Peloponnes reichen hohe Berge oft nah an die Küste heran. Sie säumt zwischen der Großstadt Patras und dem Kanal von Korinth den Korinthischen Golf. Die Strände sind zwar lang, aber schmal und zumeist kieselig. Grandios ist der Blick über den wie ein riesiger See wirkenden Golf auf die Gebirge des griechischen Festlands.

Im Bergland von Achaía und Korinthía, in dem es sogar zwei Wintersportzentren gibt, fährt eine Zahnradbahn durch eine wilde Schlucht

7 von 38: kein Glücksspiel, sondern die erhaltenen Säulen des Apollotempels in Alt-Korinth

hinauf nach Kalávrita mit seinen historischen Klöstern, im Hinterland von Korinth entführt der Stymphalische See in die Sagenwelt des Herakles. Wein gedeiht überall in unteren Gebirgslagen und kann in zahlreichen kleinen Kellereien ausgiebig verkostet werden. Die Ausgrabungen von Alt-Korinth und Neméa gehören zu den Höhepunkten jeder klassischen Peloponnes-Rundreise – und ausgiebiger shoppen als in Patras kannst du nirgendwo sonst auf der Insel des Pelops.

ACHAÍA & KORINTHÍA

MARCO POLO HIGHLIGHTS

★ **KANAL VON KORINTH**
Von weit oben auf die Schiffe schauen und neben ihnen Kaffee trinken ➤ S. 42

★ **ALT-KORINTH**
Antikes auf des Apostels Paulus Spuren und ein spannendes kleines Museum ➤ S. 42

★ **NEMÉA**
Das besterhaltene antike Stadion Griechenlands und guter Wein ➤ S. 46

★ **KALÓGRIA**
Feiner Sand, ein schöner Küstenwald, ein See und viel Stille ➤ S. 51

SCHMALSPUR-ZAHNRADBAHN
Eine abenteuerliche Fahrt durch die wilde Schlucht des Vouraíkos ➤ S. 52

KLOSTER MÉGA SPÍLEO
Über sieben Etagen mit dem Fels verwachsen ➤ S. 52

KORINTH (KÓRINTHOS)

(📖 L2) **Die Stadt Korinth (30 000 Ew.) ist ein schön direkt am Meer gelegenes Allerweltsstädtchen. Zwei Erdbeben 1858 und 1928 haben nahezu die gesamte historische Bausubstanz vernichtet.**

Ihre unmittelbare Umgebung aber ist äußerst spannend. Und wenn du gerade deinen Mietwagen am Athener Flughafen übernommen hast, ist der dörfliche Vorort Archéa Kórinthos der ideale Ort für deine erste Nacht in Griechenland.

SIGHTSEEING

KANAL VON KORINTH ★

Hier ist Träumen erlaubt. Du stehst auf der alten Straßenbrücke über einem der vier großen Kanäle dieser Welt und blickst aus 45 m Höhe auf die Schiffe hinunter, die zwischen steilen Felswänden die 6 km lange und nur 24 m breite Wasserstraße befahren. Erst 1893 wurde sie fertiggestellt. Die Kapitäne müssen höllisch aufpassen, dass ihre Dampfer die Felswände nicht touchieren. Dafür ersparen sie sich auf dem Weg vom Ägäischen ins Ionische Meer oder umgekehrt eine oft stürmische Tagesreise um den Peloponnes.

INSIDER-TIPP
Lass dir das nicht entgehen!

Auch du kannst den Kanal durchkreuzen: Vom Kai neben der versenkbaren Kanalbrücke am östlichen Kanalende bei Isthmía startet fast täglich ein Ausflugsboot, das den Kanal in beide Richtungen durchfährt *(28 Euro | Tel. 69 37 10 55 12)*. Anschließend kannst du da im *Café Isthmía (€)* auf der Terrasse sitzen, Souvláki-Spießchen essen und die dicken Pötte zum Greifen nah an dir vorüberziehen lassen.

Wenn du besonders mutig bist, erlebst du den Kanal wie kaum ein anderer und springst am Bungeeseil von der alten Straßenbrücke aus dem Kanalbett entgegen. Natürlich wirst du dabei auch gefilmt *(aktuelle Zeiten auf der Website | 80 Euro inkl. DVD und T-Shirt | Tel. 27 41 04 94 65 | zulubungy.com)*.

ALT-KORINTH (ARCHÉA KÓRINTHOS) ★

Im Vorort Alt-Korinth hat man nicht nur die Kirche mitten im Dorf gelassen, sondern auch gleich noch zwei antike Tempel und andere Bauten des Altertums. Die hat auch schon der Apostel Paulus gesehen, als er im Jahr 51 in der antiken Weltstadt war. An die dort von ihm gegründete christliche Gemeinde schrieb er auch die in die Bibel aufgenommenen Korintherbriefe. Heute ist Archéa Kórinthos nur noch ein sehr beschauliches Dorf mit grandioser Aussicht auf hohe Berge, grüne Küstenebenen und den Korinthischen Golf. Wer hier seine Peloponnes-Rundreise startet, wird fast schon zur Entschleunigung gezwungen.

Das antike Korinth war bereits im 8. Jh. v. Chr. eines der bedeutendsten Gemeinwesen Griechenlands. Sein großer Vorteil war die Nähe zweier geschützter Landeplätze: am Saroni-

„Ich bin so fly": Bungeespringer an der Kanalbrücke bei Korinth

schen und am Korinthischen Golf, also sowohl dem Westen als auch dem Osten der antiken Welt zugewandt.

146 v. Chr. wurde das alte Korinth von den Römern dem Erdboden gleichgemacht, weil die Korinther sich gegen Rom gestellt hatten. Deswegen sind im Ausgrabungsgelände heute auch kaum Spuren aus der griechischen Antike erhalten. Erst 100 Jahre später gründete Cäsar die Stadt neu. Als der Apostel Paulus sie ihrer großen jüdischen Gemeinde wegen im Jahr 51 (oder 52) besuchte, war sie bereits wieder eine blühende Großstadt. Erdbeben in den Jahren 375 und 551 zerstörten auch sie.

Archäologen haben seit 1892 das Stadtzentrum mit seinen Tempeln, Markthallen und Brunnen freigelegt. Schon auf dem Weg vom Eingang der Ausgrabungsstätte zum Museum siehst du links einen gewaltigen Felsblock mit eingearbeiteten Brunnenkammern, die *Glauke-Quelle*. Dahinter erheben sich die sieben noch aufrecht stehenden dorischen Säulen des *Apollo-Tempels*. Jede ist monolithisch, also aus einem Stück gearbeitet, und beeindruckt durch harmonische Proportionen. Ursprünglich umgaben den um 550 v. Chr. errichteten Tempel 38 solcher Säulen.

Unmittelbar am Museum steht der *Octavia-Tempel* mit drei deutlich andersartigen Säulen. Sie sind aus Säulentrommeln zusammengesetzt und mit einem verspielten korinthischen Kapitell bekrönt. Ihnen fehlt die würdevolle Strenge der Säulen des Apollo-Tempels. Der Bau ist ja auch 600 Jahre jünger und stammt aus römischer Zeit.

Besonders interessant im *Archäologischen Museum* sind die ausgestellten Vasen. Die Übernahme orientalischer Formen und Motive im 7. Jh. v. Chr. ist gut zu erkennen. Typisch sind die Darstellung von Tieren und Fabelwesen und die Füllung der Zwischenräume mit Ornamenten wie Blatt- und Klecksrosetten in der Zeit um 600 v. Chr. Schön sind auch die römischen Fußbodenmosaike aus dem 1./2. Jh. n. Chr.

Einzigartig sind die vielen tönernen männlichen Genitalien und weiblichen Brüste in einem der fünf Museumssäle. Ähnlich wie heute noch in allen orthodoxen und manchen katholischen Kirchen wurden diese Votivtäfelchen den Göttern geweiht, wenn der Mensch Probleme mit den entsprechenden Körperteilen hatte und die Unsterblichen um Hilfe bat.

Nach dem Museumsbesuch betrittst du über eine Treppe die *agorá,* den Marktplatz der antiken Stadt. Ihn säumten weitere Tempel, Säulenhallen mit Geschäften und öffentliche Gebäude wie Gericht und Stadtarchiv. Im Zentrum des Platzes ist eine auf die *agorá* vorspringende Terrasse als *bema* markiert. Von dieser Rednertribüne aus soll der Apostel Paulus zu den Korinthern gesprochen haben. Etwa 30 m südlich der *bema* begrenzte eine 165 m lange *Säulenhalle* den Marktplatz. Deutlich erkennbar sind 33 zweigeteilte Räume. In den vorderen sind Brunnenschächte zu sehen, die sie als Marktschenken ausweisen: In ihnen wurden Getränke kühl gehalten. Auf der gegenüberliegenden Seite der *agorá* führen Treppen auf die mit Marmor gepflasterte *Lechaion-Straße* hinunter. Sie verband das Zentrum der Stadt mit dem Hafen am Korinthischen Golf und führt heute zum Ausgang des Grabungsgeländes. Gleich rechts der Treppen sind die eindrucksvollen Überreste der schönsten Brunnenanlage Korinths zu sehen, des *Peirene-Brunnens* aus dem 2. Jh.

Gehst du nach dem Verlassen des Grabungsgeländes zu dessen Eingang zurück, sind rechts der Straße die Reste des römischen *Odeons* zu sehen, eines überdachten Musiktheaters. Unterhalb davon schließen sich die Ränge des großen *Theaters* an, das Platz für mehr als 15 000 Zuschauer bot. *Mai–Aug. tgl. 8–20, 1.–15. Sept. 8–19.30, 15.–30. April und 16.–30. Sept. 8–19, 1.–15. Okt. 8–18.30, 16.–31. Okt. 8–18, Nov.–14. April Mi–Mo 8–15 Uhr | 8 Euro inkl. Museum | 2 Std.*

AKROKORINTH

Endlich Ruhe! Am Kanal und in Alt-Korinth sind meist viele Leute, aber innerhalb der ausgedehnten Burgmauern von Akrokorinth ist man fast immer allein. Sie umfassen große Teile eines mächtigen, 575 m hohen Felsens und stammen aus fränkisch-byzantinischer, venezianischer und türkischer Zeit . Sie sind teilweise auf Quaderreihen aus der Antike errichtet. Der einzige Zugang im Westen der Festung ist durch einen dreifachen Mauerring mit drei Toren besonders stark gesichert. In der Antike standen in Akrokorinth mehrere Tempel, von denen heute jedoch keine nennenswerten Spuren mehr erhalten sind. Auf dem höchsten Punkt des Felsens wurde der Liebesgöttin Aphrodite gehuldigt. Der Fernblick ist grandios, im Spätwinter bis in den Frühsommer hinein blühen Abertausende von Wildblumen. *Asphaltierte Zufahrt vom 3 km entfernten Alt-Korinth aus be-*

schildert | tgl. 8.30–15.30 Uhr | Eintritt frei | 1½–2 Std.

ESSEN & TRINKEN

GÉMELOS

Mit etwas Glück ergatterst du hier einen der wenigen Tische auf dem Dach mit phantastischem Blick aufs Meer in der Ferne und die antike Stadt gleich neben dir. Ansonsten nimmst du auf der Platía Platz. Und ist das Wetter auch noch so schön, wirf auf jeden Fall einen Blick in den Innenraum: Da hängen Unmengen alter Flinten und Pistolen an den Wänden. *Kentrikí Platía (Archéa Kórinthos) | tgl. | Tel. 27 41 03 13 25 | €*

INSIDER-TIPP
Bumm bumm

MARÍNOS

Hier ist das Fassbier am kühlsten, das *moussaká* täglich von der Wirtin im

Das kommt auf Insta – der Zeus-Tempel von Neméa macht was her!

heimischen Backofen frisch zubereitet, das Eis lecker und der Blick aufs Meer echt romantisch. *Kentrikí Platía (Archéa Kórinthos) | tgl. | Tel. 27 41 03 11 30 | €€*

SHOPPEN

KILIX

Ist bei dir zu Hause noch eine Glasvitrine frei? Dann stell die handbemalte Kopie einer antiken Vase hinein, wie sie in Korinth oder anderswo in Hellas in den Museen steht. *Archéa Kórinthos, an der Straße von der Platía zum Eingang der Ausgrabungen*

STRÄNDE

Das Wasser ist hier sowohl im Korinthischen als auch im Saronischen Golf stark verschmutzt; die Strände sind schmal und überfüllt. Heb dir ein Bad besser für den nächsten Reisetag auf!

AUSGEHEN & FEIERN

THÉMIS PLACE

Der schönste Platz für Sundowner und Nightcap ist die Dachterrasse dieses Kaffeehauses mit Blick auf die Lichter der Stadt und das Meer. *Kentrikí Platía (Archéa Kórinthos)*

RUND UM KORINTH

1 NEMÉA ★

37 km südwestlich von Korinth/ 40 Min. über die A 7

Bist du sportlich? Im sorgsam restaurierten antiken Stadion von Neméa kannst du nicht nur einen Sprint hinlegen, sondern wie antike Athleten vom – heute nur in Grundrissen erkennbaren – einstigen Umkleideraum durch den Athletentunnel ins Stadion einziehen. Da findest du an einigen Stellen noch Graffiti an den Wänden, die Sportler des Altertums hinterließen. Anders als die darfst du heute allerdings nicht nackt durchs Stadion sprinten. Ein noch besseres Bild von der antiken Sportstätte vermittelt dir dann ein schönes Modell im nahen *Archäologischen Museum*. Im Museum stehen auch mehrere Modelle des unmittelbar benachbarten antiken *Zeus-Heiligtums,* von dessen Tempel noch 13 Säulen in den Himmel ragen. Dass der Tempel einst farbenfroh angemalt war, beweisen Fragmente im Museum. *Mai-Aug. tgl. 8-20, 1.-15. Sept. 8-19.30, 15.-30. April und 16.-30. Sept. 8-19, 1.-15. Okt. 8-18.30, 16.-31. Okt. 8-18 Uhr, Nov.-14. April Mi-Mo 8.30-15.30 Uhr | 6 Euro | 2 Std.*

Falls dir tagsüber schon der Sinn danach steht, kannst du im heutigen Dorf *Archéa Neméa* auch eine Weinkellerei besuchen. Neméa ist eins der berühmtesten Weinanbaugebiete des Peloponnes. Am besten auf Besucher eingestellt ist die stimmungsvolle Kellerei *Palývou (palivos.gr)* am Ortsausgang von Archéa Neméa Richtung modernes Neméa. Kein Weintrinker? Dann ist der in ganz Griechenland traditionell zum Backen und Kochen geschätzte Traubensirup *petimézi* für dich interessant. Du kannst ihn in kleinen Fläschchen zum Mitnehmen kaufen. *L3*

IDER-TIPP
Backe, backe Kuchen

2 STIMFALÍA (STÍMFALOS)

70 km westlich von Korinth/1¼ Std. über Neméa

Stell sie dir vor: die Stymphalischen Vögel. Diese Menschen fressenden, übel riechenden Riesenvögel hatten eiserne Federn, die sie wie Pfeile abschießen konnten. Sie zu töten war die fünfte der zwölf Aufgaben des Herkules. Gelebt haben sollen sie rund um Stimfalía.

Heute ist der in einem Hochtal auf 590 m Höhe gelegene *Stymphalische See (Límni Stimfalía)* ein Naturparadies. Im kleinen, modernen *Umweltmuseum (Mi-Mo 10-17, März-Mitte Okt. bis 18 Uhr | 4 Euro | piop.gr)* am Ortsrand liegen Ferngläser bereit, um die Vogelwelt zu beobachten. Neben Flora, Fauna und Geologie der Region wird auch thematisiert, wie die Menschen hier früher lebten. Aus dem 13. Jh. stammen die stattlichen, jederzeit frei zugänglichen *Ruinen eines Zisterzienserklosters* ein paar Hundert Meter weiter direkt links der Straße Richtung Kastaniá. *K2-3*

PATRAS (PÁTRA)

(H1) **Das Tollste an Patras ist seine Lage. Griechenlands viertgrößte Stadt (215 000 Ew.) und der wichtigste Hafen im Fährverkehr mit Italien breitet sich über mehrere Hügel vor der Kulisse des fast 2000 m hohen Panachaikógebirges aus, das zwischen November und März meist schneebedeckt ist.**

Das erlebst du besonders schön, wenn du mit der Fähre aus Italien ankommst oder über die super gestylte Brücke vom Festland her fährst. Wenn du dann in Patras bist, am Ufer stehst oder von der Burg blickst, schaust du in die andere Richtung über den Golf von Patras, siehst die hohen Festlandsberge gegenüber aufragen und davor leichte Erhebungen fast auf Meeres-

WOHIN ZUERST?

Kommst du mit dem Auto, verlässt du die Autobahn an der Ausfahrt 29 Ovrya und fährst am neuen Fährhafen vorbei, wo auch die Fähren aus Italien anlegen, bis zu den Parkplätzen an der Uferstraße zwischen der **Kathedrale Ágios Andréas** *(📖 b1)* und dem Café Fáros en Pátrais. Von der Kathedrale gehst du auf der Uferstraße zu Fuß ins Zentrum um den Bahnhof (Stathmós). Kommst du mit dem Bus, gehst du vom etwas nördlich der Stathmós gelegenen Busbahnhof in knapp zehn Minuten dorthin.

höhe, die wie Inseln scheinen. Vor Patras herrscht immer reger Schiffsverkehr, der für Leben auf dem Wasser sorgt. Für viel Leben in der Stadt fast rund um die Uhr sorgen der Fährverkehr und die vielen Studenten – hier ist an so gut wie jedem Abend in einer der zahlreichen Bars und in großen Clubs Livemusik angesagt. Bei so viel Lebendigkeit nimmt man den oft chaotisch anmutenden Straßenverkehr in der Stadt gern in Kauf.

SIGHTSEEING

KATHEDRALE ÁGIOS ANDRÉAS

Köpfchen ist gefragt. Die große Kirche birgt in ihrer vorderen Kapelle als Reliquie den Schädel des Apostels Andreas. An ihm zu beten kann nach Meinung der Gläubigen wahre Wunder wirken. Darum ist hier meist viel los. Der Innenraum in der Hauptkirche ist fast vollständig mit Wandmalereien im traditionellen byzantinischen Stil ausgestattet, die in diesem modernen Gotteshaus viel klarer zu erkennen sind als in mittelalterlichen Gemäuern. Äußerst fotogen sind die zahlreichen kleinen Kuppeln um die schlanke, sehr hohe Zentralkuppel. *Odós Agíou Andréou 199 | tgl. 7–20 Uhr | 📖 b1*

ODEION 🐷

Comedians gab es schon in der Antike. Damals nannten sie sich Pantomimen. Sie traten zumeist nicht in den großen Theatern, sondern in einer kleineren, überdachten Variante auf, dem Odeion. Solch ein Odeion aus römischer Zeit ist in Patras erhalten. Wie schon im Altertum wird es auch heute noch gelegentlich für Konzerte genutzt, u. a. im Rahmen eines jährlich im Juni stattfindenden Jazzfestivals. *Odós Germanoú | Mi–So 8.30–15.30 Uhr | Eintritt frei | 📖 b3–4*

AKRÓPOLIS 🐷

An der Stelle der antiken Akrópolis erstreckt sich ein schöner Park mit den Überresten einer mittelalterlichen Burg. Der Blick auf Stadt, Hafen, Meer und Festland ist von hier aus besonders reizvoll. *Burg Mi–Mo 8–16 Uhr | Eintritt frei | 📖 c4–5*

ARCHÄOLOGISCHES MUSEUM

Der typische Museumsmief ist hier nicht zu spüren. Der moderne, zu 100 Prozent aus EU-Fördergeldern finanzierte Bau aus edlen Materialien ist geräumig und licht und lässt den Objekten sehr viel Platz. Große römische

Bodenmosaike aus dem 3. Jh. hängen hier zwecks besserer Betrachtung senkrecht an den Wänden. Zwischen den ansatzweise rekonstruierten Mauern einer römischen Stadtvilla erkennt man, dass da sogar ein kleiner Wasserfall in die Badewanne floss. Dem Thema Tod in der Antike ist ein eigener großer Saal gewidmet, in dem du die unterschiedlichsten Bestattungsformen siehst. *Néa Ethnikí Odós (Stadtbuslinie 6) | April–Okt. tgl. 8.30–16, Nov.–März Mi–Mo 8.30–15.30 Uhr | 6 Euro | ampatron.gr |* *🕮 0*

RÖMISCHE BRÜCKE

In den 1980er-Jahren legten Archäologen eine zweibogige römische Brücke frei, die vom 4. bis 6. Jh. in Gebrauch war. Sie ist 21 m lang und 4,25 m breit, ihre gepflasterte Fahrbahn liegt auf dem heutigen Straßenniveau. *Néa Ethnikí Odós (500 m nordöstlich vom Archäologischen Museum) |* *🕮 0*

ESSEN & TRINKEN

ARGO

Fisch aus regionalem Fang und Meeresfrüchte sowie viele gute Vorspeisen sind der Trumpf dieses Restaurants abseits touristischer Pfade. Ausgesprochen lecker und sehr kostengünstig sind die über Holzkohle gegrillten Sardinenfilets und der mit Manouri-

Bar reiht sich an Bar in der belebten Gasse Odós Gerokostopoúlou

Käse überbackene Tintenfisch. Langusten gibt es auf Vorbestellung. *Odós Iróon Politechníou 78/Odós Sofokléous | tgl. | Tel. 26 10 99 09 70 | argopatras.gr* | €€–€€€ | 🕮 0

STATHMÓS

Fast rund um die Uhr bekommst du in diesem modern gestalteten Lokal Essen – von Finger Food, Pasta und Pizza bis hin zu traditionellen Gerichten. Auch das englische Frühstück ist hier ausgezeichnet. *Odós Othónos ke Amalías (im Bahnhofsgebäude) | tgl. | Tel. 26 10 62 25 50* | €€ | 🕮 d3

STIS GIAGIÁS

Im Café „Bei Oma" in einem alten Wohnviertel der Oberstadt sitzt du vom guten Frühstück bis zum leichten Abendessen fast nur unter Griechen. Es gibt vor allem Kuchen, Burger, Salate, Sandwiches und Baguettes, dazu regionales Craftbier, glasweise griechische Weine und exzellente Kaffeevariationen. *Odós Panagoúli 21 | tgl. | Tel. 26 14 00 19 81* | € | 🕮 b4

SHOPPEN

Die Haupteinkaufsstraßen sind *Ríga Feréou, Mezónos* und *Korínthou* zwischen Platía Ólgas und Platía Georgíou. Mo, Mi und Sa sind die Shops nur von 9 bis 14 Uhr geöffnet, Di, Do und Fr auch von 17.30 bis 21 Uhr.

SPORT & SPASS

PETITE BOUTIQUE

Ein Stündchen für die Kleinen: In diesem Indoor-Spielparadies können sie sich austoben und vielleicht sogar ihre ersten Worte Griechisch lernen –

auch zu Zeiten, an denen deutsche Kinder normalerweise schon im Bett sind. *Aktí Diméon 18 | Mo–Fr 10–14 und 17–22.30, Sa/So 10–23 Uhr | Kinder 6 Euro inkl. Getränk | petitboutique.gr | 🕮 a1*

STRÄNDE

PLAZ

Der Stadtbus 1 fährt vom Zentrum aus zu diesem Kieselsteinstrand nordöstlich der Stadt mit schönem Blick auf die äußerst fotogene Brücke über den Golf. *🕮 0*

WELLNESS

ZEN SPA

Hast du dir die Füße wund gelaufen, kannst du dir mit einer Bein- und Fußmassage in diesem kleinen Spa Erholung gönnen *(30 Euro/25 Min.)*. Den ganzen Körper massiert man dir hier 50 Minuten lang für schlappe 50 Euro. *Odós Iróon Politechníou 44–46 | Mo und Mi 9–17, Di, Do und Fr 9–18 Uhr | Tel. 26 16 00 71 20 | zenspa.gr | 🕮 f3–4*

AUSGEHEN & FEIERN

Das Leben brodelt auch abends und nachts in der stufenreichen *Odós Gerokostopoúlou (🕮 b–c3)* sowie an der engen Gasse *Odós Radinoú (🕮 d3)* und an der Hauptfußgängergasse *Odós Agíou Nikoláou (🕮 c–d3)*. Viele kleine Bars und Cafés bieten hier zwischen Oktober und Mai Livemusik unterschiedlichster Art. Gute Infos dazu liefert *patrasevents.gr* – aber leider fast nur auf Griechisch.

FÁROS EN PÁTRAIS

Hier sitzt du besonders romantisch unterm noch aktiven alten Leuchtturm direkt am Wasser und hörst jeden Samstagabend griechische Livemusik gedämpfterer Art. *Aktí Diméon | Facebook: FarosEnPatrais | 🕮 c1*

ROMEO PLUS

Abrocken kannst du die ganze Nacht durch in diesem großen Club – meist zu Livemusik griechischer Bands. *Odós Panepistímiou 370 | Fr/Sa 23.30–6, So 22–3.30 Uhr | romeopatras.com | 🕮 0*

RUND UM PATRAS

3 RÍO

10 km nördlich von Patras/20 Min. mit dem Bus

Río liegt an der engsten Stelle zwischen Peloponnes und Festland. Hier überspannt eine bildschöne, 2883 m lange Hängebrücke *(13,70 Euro/PKW | gefyra.gr)* den Golf. Außerdem pendeln hier Autofähren über die Meerenge. Am Fährhafen steht eine kleine venezianisch-türkische *Festung (Mi–Mo 8.30–15 Uhr | 3 Euro)*, die zusammen mit einem Pendant am Festlandsufer die Einfahrt in den Golf von Korinth kontrollierte. *🕮 H1*

4 KALÓGRIA ★

40 km westlich von Patras/1 Std. über die Küstenstraße

Einen der schönsten Küstenstriche des Peloponnes findest du zwischen

Kounoupélli und Kalógria. Der kilometerlange Sandstrand wird von Dünen gesäumt, Salz- und Süßwassersümpfe sowie der im Sommer austrocknende Prókopos-See prägen das Hinterland. Den lichten Küstenwald durchziehen kleine Wege, die zum Wandern einladen; in den Sümpfen und an den Gewässern leben Grau- und Seidenreiher. Vor dem Kalogria Hotel findest du auch eine Wassersportstation, die Kanus und Sea Bikes verleiht und dich auf Wasserskiern oder am Gleitschirm hinter ihren Motorbooten herzieht. *G2*

5 DIAKOPTÓ & VOURAÍKOSSCHLUCHT

55 km bis Diakoptó östlich von Patras/ 1 Std. über die Küstenstraße

Jetzt wirds abenteuerlich! Du besteigst einen Waggon der ★ *Schmalspur-Zahnradbahn* und fährst von *Diakoptó* am Meer gut 22 km weit hinauf ins 735 m hoch gelegene *Kalávrita*. Etwa eine Stunde dauert die Fahrt. Erst geht es noch durch sanfte Gärten und Haine, dann in die *Vouraíkosschlucht* hinein. Du passierst Wasserfälle und Tunnel, überquerst ein Dutzend mal einen rauschenden Bach auf geländerlosen Brücken. Manchmal stoppt der Zug: Dann werden die Zahnräder aus- oder wieder eingefahren.

Wer mag, unterbricht die Fahrt und steigt steil bergan zum Kloster *Méga Spíleo* hinauf. Und wer noch einen besonderen Kick braucht, läuft die Strecke zwischen den Schienen zurück nach Diakoptó durch Tunnel und über Brücken – das ist der offizielle Verlauf des Europäischen Fernwanderwegs E4. *hellenictrain.gr | Einzelfahrt ca. 10 Euro | J-K 1-2*

INSIDER-TIPP
Fühl dich wie ein Trapper

6 KLOSTER MÉGA SPÍLEO ★

75 km südöstlich von Patras/1 Std. 20 Min. über Diakoptó

Zum Mönchsein gehört Gottvertrauen. Das beweist auch dieses siebenstöckige Kloster, das wie mit dem dahinter aufragenden Fels verwachsen scheint. Der Name bezieht sich auf eine Grotte im Klosterkomplex, in der die Klostergründer der Legende nach 840 eine wundertätige Marienikone fanden. 1943 wurde das Kloster von deutschen Truppen zerstört; die heutigen Bauten stammen nahezu alle aus der Nachkriegszeit. *Tgl. Sonnenaufgang –13 und 14 Uhr–Sonnenuntergang | Museum 1 Euro | 1 Std.*

Im Großrestaurant *Grand Chalet (€)* an der Hauptstraße direkt unterhalb des Klosters ist das Angebot an griechischen Kuchen und anderen Süßspeisen besonders groß. Extrem lecker sind hier die warm servierten Teigbällchen *loukoumádes* mit Honig, Sesam und Walnuss. Die Souvenirabteilung des Restaurants führt regionale Kulinaria. *J2*

INSIDER-TIPP
Für Süßschnäbel

7 KALÁVRITA

85 km südöstlich von Patras/1½ Std. über Diakoptó

Der so friedlich daliegende Ort in einem weiten Gebirgstal wurde am 13. Dezember 1943 zu einem Ort des Grauens. Partisanen hatten etwa 80 deutsche Soldaten gefangen genommen und später ermordet. Daraufhin brannten deutsche Truppen 25 Dörfer in der Region nieder und trieben alle männlichen Bewohner Kalávritas, die älter als 14 waren, zusammen, um sie zu erschießen. Die Angaben über die Zahl der Opfer schwanken zwischen 551 und 1200. Direkt an der Hauptgasse des Städtchens erinnert das *Holocaust Museum (Odós Syngroú 1–5 | Di–So 9–16 Uhr | 3 Euro | dmko.gr)* in der alten Schule, in der damals die Bewohner vor ihrer Ermordung eingepfercht waren, an dieses Kriegsverbrechen *(verbrechen-der-wehrmacht.de)*. Und am Stadtrand verkündet eine weithin sichtbare, emotional aufwühlende Gedenkstätte am Erschießungsort auf Griechisch zwei wohl unerfüllbare Wünsche: „Frieden" und „Nein zu Kriegen".

Heute ist Kalávrita ein bei Griechen beliebter Sommerferien-, vor allem aber Wintersportort mit mehreren Skischulen und Skiverleihern und zahlreichen Liften im Skigebiet am Chelmós. Hauptsaison ist von Ende November bis April. Gut essen kannst du das ganze Jahr über nahe der Platía in der großen *Taverne Stáni (Sommer €, Winter €€)*, wo im Winter auch Wildschwein- und Hirschbraten serviert werden.

Das ganze Jahr über pilgern Griechen zum 7 km außerhalb gelegenen Kloster *Agía Lávra (tgl. 10–13.30 und 16–17, im Winter 15–16 Uhr)*. Dort rief Bischof Germanos von Patras am 25. März 1821 zum Befreiungskampf gegen die Türken auf; die alte Klosterkirche ist dadurch zu einem Nationaldenkmal geworden.

Wie mit dem Fels verwachsen: Spektakulär liegt das Kloster Méga Spíleo

Ein für Ausländer viel mehr lohnender Ausflug führt zur 17 km südlich gelegenen Tropfsteinhöhle *Spíleo ton Limnón (tgl. 9.30–16.30 Uhr, im Hochsommer und an Feiertagen länger | 9 Euro | kastriacave. gr)*, die auf 500 m Länge begehbar ist. Die Stalaktiten unter der bis zu 30 m hohen Decke spiegeln sich in 13 kleinen Seen, die durch Bäche und Wasserfälle verbunden sind. Einige von ihnen trocknen im Sommer aus. *J2*

ARGOLÍS

JEDE MENGE GESCHICHTE

In der Argolís liegen die Topsehenswürdigkeiten des Peloponnes besonders dicht beieinander. Sie können von Nauplia aus auch gut mit Linienbussen angesteuert werden. Ein Auto brauchst du hier also nicht unbedingt – und um Nauplia herum kannst du sogar mit dem Fahrrad unterwegs sein.

Auch die schönsten Strände liegen nahe bei dem kleinen historischen Städtchen, das zu den romantischsten des ganzen Landes gehört und darum selbst im Winter einen Kurzurlaub wert ist. Im Juli

Nauplias charmante Altstadt liegt herrlich direkt am Meer

und August sind die Festspiele im antiken Theater von Epidaurus ein kulturelles Top Event. Burgen gibt es jede Menge, Oliven- und Orangenhaine ebenso.

Tagesausflüge führen dich auf die vorgelagerten Inseln Póros, Hydra und Spétses, bizarre Natur erwartet dich auf den Lavafeldern von Méthana und in den Dolinen von Dídima. Abwechslungsreich werden deine Tage also auf jeden Fall. Und nachts ist viel los in den Clubs am Rand von Nauplia, wo du fast nur unter Griechen feierst.

ARGOLÍS
E65
A7
7
Χιλιομόδι
Chiliomodi
Αθίκια
Athikia
Ρυτό
Ryto
Κατακάλι
Katakali
Σοφικό
Sophiko
Άγιος Βασίλειος
Agios Vasilios
Κλένια
Klenia
Αγιονόρι
Agionori
ΠΕΛΟΠΟΝΝΗΣΟΥ
PELOPONNESE
Φίχτι
Fichti
5 Mykene (Mikínes, Mykinä)
Burg von Mykene
53 km, 1 Std.
Αμυγδαλίτσα
Amigdalitsa
Arachneo
Αραχναίο
Δήμαινα
Dimaina
25 km, 30 Min.
Ανύφι
Anyfi
Μιδέα
Midea
4 Iréo (Iraio)
Γκάτζια
Gkatzia
2 Árgos
Παναρίτης
Panaritis
Μετόχι
Metochi
7 Ligoúrio
Νέα Κίος
Nea Kios
3 Tiryns (Tírintha)
Epidauros (Epídavros) 8
70
Altstadt von Nauplia
Theater von Epidauros
Ναύπλιο
Nauplia (Náfplio)
S. 58
Festung Palamídi
90 km, 1 ¾ Std.
Αδάμι
Adami
1 Lérna
Karathónas Beach
Δρέπανο
Drepano
Strand von Toló
Κάντια
Kantia
Κιβέρι
Kiveri
Toló 6
Καρνεζαίικα
Karnezeika
Ίρια
Iria
Ξηροπήγαδο
Xiropigado
Κάτω Βέρβενα
Kato Vervena
Παράλιο Άστρος
Astros Beach
Argolikos Kolpos
Άστρος
Astros
Νεοχώρι
Neochori
Άγιος Ανδρέας
Agios Andreas
Αρκαδικό Χωριό
Arkadiko Chorio

MARCO POLO HIGHLIGHTS

★ **ALTSTADT VON NAUPLIA**
Jede Menge schöne Läden, viele Tavernen, Bars und Museen, dazu Romantik pur ➤ S. 58

★ **FESTUNG PALAMÍDI**
Eine riesige Burg – 850 Stufen oberhalb von Nauplia ➤ S. 60

★ **THEATER VON EPIDAUROS**
Das am besten erhaltene im ganzen Land und noch immer bespielt ➤ S. 71

★ **BURG VON MYKENE**
Über 3000 Jahre altes, sagenumwobenes Zentrum der ersten europäischen Hochkultur ➤ S. 67

★ **MÉTHANA**
Eine Vulkanlandschaft hoch über der Ägäis mit Taverne am Lavarand ➤ S. 73

★ **DÍDIMA**
Eingestürzte Höhlen ohne Dach wurden zum Naturparadies ➤ S. 72

NAUPLIA (NÁFPLIO)

(🕮 L3) **Nauplia (32 000 Ew.) ist die Beauty Queen unter den Städten des Peloponnes. Unterhalb zweier mächtiger Burgen liegt die weitläufige ★ ☂ Altstadt direkt am Wasser.** Das offene Meer ist von hier aus nicht zu sehen; man fühlt sich wie an einem großen Binnensee, in dem eine dritte, kleinere Burg schwimmt. In den Altstadtgassen stehen viele hohe Häuser vor allem aus dem 19. Jh. Nauplia war zwischen 1823 und 1834 sogar die erste Hauptstadt des von den Türken befreiten Griechenland.

Weil das ganze Jahr über auch die Athener gern übers Wochenende herkommen, gibt es besonders viele Tavernen, Cafés und schöne kleine Läden. Da macht das Bummeln einfach Spaß. Und wer auch etwas lernen will, findet reichlich Museen. Einen eigenen Strand hat Nauplia auch – drum kann man Strand- und Städteurlaub miteinander kombinieren. Zudem sind viele bedeutende Ausflugsziele von hier aus auch gut mit dem Linienbus zu erreichen – da braucht man nicht einmal einen Mietwagen.

WOHIN ZUERST?

Du parkst am besten auf dem Großparkplatz am Hafen. Von da sind es nur wenige Schritte in die Altstadt hinein. Deren Zentrum ist die **Platía Syndágmatos.** Von hier kannst du kreuz und quer durch die Altstadt bummeln.

SIGHTSEEING

ARCHÄOLOGISCHES MUSEUM

Wie zog ein mykenischer Krieger vor 3500 Jahren in den Kampf? In diesem Museum in einer venezianischen Kaserne aus dem Jahr 1713 kannst du seine Rüstung sehen mitsamt dem Helm aus den Zähnen eines wilden Ebers. Und wie es bei den Kriegern zu Hause aussah, zeigt dir das Fresko mit zwei Delphinen aus dem 13. Jh. Solche Malereien bedeckten viele Wände mykenischer Paläste und Burgen. *Platía Syndágmatos | Mi–Mo 8.30–15.30 Uhr | 6 Euro | ⏲ 25–40 Min.*

MOSCHEEN

Am gleichen, ganz mit Marmor gepflasterten Platz stehen auch zwei kleine Moscheen. Eine von ihnen, die heute als Kino und Theater dient, beherbergte im 19. Jh. eine der ersten Schulen Griechenlands. Die andere war 1825–1828 Versammlungsort des griechischen Parlaments und wird heute gelegentlich für Veranstaltungen genutzt. *Platía Syndágmatos*

KOMBOLÓI-MUSEUM

Nicht nur ältere griechische Männer spielen gern mit einem Kettchen, das einem Rosenkranz ähnelt: dem *kombolói.* Es ist Zeitvertreib und Glücksbringer zugleich. Oft war es auch Statussymbol. Besonders wertvolle und schöne *kombolóia* aus den Jahren 1750–1950 zeigt dieses kleine Privatmuseum. Auch authentische Kopien

Kurios: Bronzerüstung mit Wildschweinzähnen auf dem Helm im Archäologischen Museum

werden hier verkauft. *Odós Staikopoúlou 25 | Mi–Mo 9.30–20 Uhr | 2 Euro | komboloi.gr | ⏲ 15 Min.*

KIRCHE ÁGIOS SPIRÍDONOS

Die kleine, 1702 erbaute Kirche oberhalb des östlichen Endes der Odós Staikopoúlou war 1831 Schauplatz eines Attentats: Ein Maniote erschoss beim Kirchgang den griechischen Ministerpräsidenten Jánnis Kapodístrias. Die Spur der Pistolenkugel ist rechts neben dem oberen Eingang hinter einer Glasplatte zu sehen.

MILITÄRMUSEUM

Zwischen 1821 und 1949 wurde in Griechenland viel geschossen und gekämpft. Dieses Museum dokumentiert ausführlich Griechenlands kriegerische Vergangenheit. Beeindruckender als Uniformen, Waffen und Orden ist die umfangreiche Sammlung von Fotos aus deutscher Besatzungszeit. Ein besonders schockierendes Bild zeigt 16 von Bulgaren in Makedonien gehängte Zivilisten. *Odós Terzáki/Leofóros Amalías | Di–So 10–17 Uhr | 3 Euro | ⏲ 15–20 Min.*

VOLKSKUNDLICHES MUSEUM

Friedlichen Themen widmet sich dieses modern gestaltete Museum, in dem Frauen das Sagen haben. Es präsentiert Kinderspielzeug, Gerätschaften, kunsthandwerkliche Erzeugnisse und Trachten aus den letzten 200 Jahren. *Vas. Alexándrou 1 | Mo–Sa 9–14.30, So 9.30–15 Uhr | 5 Euro | pli.gr | ⏲ 20–30 Min.*

FESTUNG AKRONAUPLIA

Die Festung auf dem niedrigeren der beiden Nauplia überragenden Felsen ist per Auto, aber auch mit einem Fahrstuhl zu erreichen. Teile der Festung werden heute als Hotel genutzt. Reizvoll ist deswegen nur noch der Blick hinunter auf die Stadt.

FESTUNG PALAMÍDI ★

Jetzt kannst du beweisen, wie fit du bist: Lauf die 850 schweißtreibenden Stufen von der Altstadt aus zur größten Festung Nauplias hinauf. Weithin sichtbar überragt die venezianische Burg aus dem frühen 18. Jh. auf einem 220 m hohen Berg die Stadt. Die Venezianer wussten, warum sie den Fels befestigten: Von hier aus hatten sie 1686 die Türken auf Akronauplia erfolgreich beschossen und zur Übergabe gezwungen. Weicheier erreichen die Festung, die als stärkste Griechenlands gilt, auch über eine 3 km lange Asphaltstraße. Linienbusse fahren allerdings nicht hinauf. *Mai–Aug. tgl. 8–20, 1.–15. Sept. 8–19.30, April und 16.–30. Sept. 8–19, 1.–15. Okt. 8–18.30, 16.–31. Okt. 8–18, Nov. 8–17, Dez.–März 8.30–15.30 Uh | 8 Euro, Winter 4 Euro | ⏲ 1½ Std.*

BAYERISCHER LÖWE

Bajuwaren, aufgepasst! Zum Gedenken an mehrere Hundert bayerische Soldaten, die 1833/34 in Nauplia an Typhus starben, ließ der Bayernkönig Ludwig I. in einen kleines Fels auf dem Gebiet der heutigen Neustadt einen bayerischen Löwen als großes Relief in den Stein meißeln. *Odós M. Iatroú*

FESTUNG BOÚRTSI

Die kleine Burg auf einem Inselchen dicht vor Nauplias Hafen wirkt von Weitem wie ein versteinertes Schiff. Die Venezianer erbauten sie um 1700. Sie spannten nachts von Boúrtsi eine eiserne Kette hinüber nach Nauplia, um den Hafen abzusperren. *Boote ab Hafen nach Bedarf | Rückfahrticket 7 Euro | ⏲ 30 Min.*

ESSEN & TRINKEN

AIÓLOS

Als der alte Chef gehen wollte, haben vier junge Mitarbeiter das Lokal übernommen. Zwei widmen sich jetzt dem Anbau von Obst und Gemüse fürs Restaurant, die beiden anderen kochen. *Odós Vas. Ólgas 30 | tgl. | Tel. 27 52 02 68 28 | €€*

VYZÁNTIO

Hier kommt beste Altstadtstimmung auf, zumal abends oft griechische Livemusik zu hören ist. Am schönsten sitzt du an den Tischen in einer lauschigen Nebengasse. *Odós Vas. Aléandrou 15 | tgl. | Tel. 27 52 02 16 31 | €€*

O NOÚLIS

Hier kommt nur frische Ware aus der Region auf den Tisch. Die Karte passt sich darum den Jahreszeiten an. Auch Vegetarier finden ein üppiges Angebot. *Odós Moutsourídou 22 | So geschl. | Tel. 27 52 02 55 41 | €€*

MISIRLOÚ

Die moderne Taverne in der Neustadt gegenüber der Kirche Agíou Konstantínou ke Elénis punktet zwar nicht mit

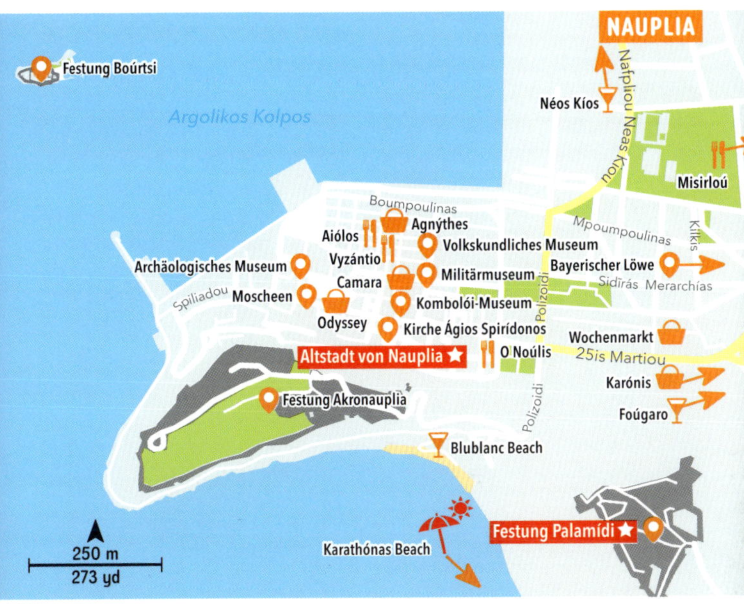

romantischer Lage, bietet aber eine exzellente Küche und sehr freundliche Wirtsleute; dazu kommen günstige Preise und viel einheimisches Publikum. *Odós Chr. Smýrnis 23 | mittags geschl. | Tel. 27 52 02 25 54 | €*

SHOPPEN

ODYSSEY

Besser verstehen: Die internationale Buch- und Pressehandlung hält oft auch die Texte antiker Dramen in deutscher Übersetzung bereit, die während der Festspiele in Epidauros aufgeführt werden – damit du auch verstehst, was du hörst. *Platía Syndágmatos 18*

CAMARA

Bleibendes gesucht? Den modernen Schmuck des deutsch-griechischen Goldschmiedepaars Geórgios und Sigi kannst du getrost überall tragen. *Odós Vas. Konstantínou 10*

AGNÝTHES

Bewundernswert: María Gonídou hat alle Stoffe, Textilien, Tischwäsche und Accessoires in ihrer Handweberei selbst in traditionellem und modernem Design kreiert. *Odós Siókou 10/ Odós Vas. Alexándrou*

WOCHENMARKT

Jeden Mittwoch- und Samstagvormittag findet an der Grenze zwischen Alt- und Neustadt in den Straßen Odós 25is Martíou und Leofóros Kýprou einer der größten Obst- und Gemüsemärkte des Peloponnes statt. Schön vor allem, wenn man in der Nähe ein Apartment hat oder mit dem Wohnmobil da ist.

KARÓNIS

Prost! Die Familie Karónis destilliert seit 1869 nun schon in fünfter Generation Ouzo, den Tresterschnaps *tsípouro,* den Mastixlikör *mastícha* und Cherry Brandy. Juniorchef Jánnis hat in der Destillerie ein kleines Museum eingerichtet und führt Besucher nach Anmeldung gern auf Englisch in den Produktionsräumen herum. Alle Produkte können auch verkostet werden. *Am Stadtrand nahe der Straße zum Karathónas Beach (ausgeschildert) | Terminabsprache (visit@karonis.gr oder Tel. 27 52 02 49 68) erbeten | karonis.gr*

INSIDER-TIPP
Der Chef führt dich herum

SPORT & SPASS

BIKING

An vier Stationen in der Stadt kannst du ein Rad leihen. Die Registrierung ist im Internet oder an der Station möglich und du brauchst eine Kreditkarte. *Cyclopolis | Tagesmiete 3 Euro | nafplio.cyclopolis.gr*

BIMMELBAHN

30-minütige Stadtrundfahrten mit offenen Minizügen auf Gummirädern

Früher Fischkonserven, heute niveauvolle Kultur im Foúgaro

starten im Sommer täglich, im Winter an Wochenenden vom Hafen aus. *Nafplio City Tours | Fahrt 4 Euro, Kinder (5–14 J.) 3 Euro | nafpliocitytour.gr*

INSIDER-TIPP
Schön das Gleichgewicht halten

SEGWAYS

Schon probiert? In einem Ledergeschäft in der Altstadt werden Segways ausgeliehen. Damit kannst du dann auf eigene Faust durch Nauplia balancieren. *Odós Spiliádou 11 | 10 Euro/30 Min. | Tel. 27 52 02 52 48 | Facebook: segwaynaf*

SPAZIERGANG

Eine tolle halbe Stunde beschert dir ein Spaziergang vom Hafen rund um die Halbinsel herum, auf der Nauplia liegt. Du siehst die Stadt nicht mehr, sondern nur noch das Meer. Ein breiter Weg führt dich an wilder Steilküste entlang, an die sich Wolfsmilchgewächse klammern. Gischt sprüht herauf, ein kurzer Tunnel wird durchquert. Schließlich bis du am *Arvanitiá-Strand,* wo du ein Bad nehmen kannst.

WASSERSPORT

Am *Karathónas-Strand* kannst du vieles ausprobieren: Ökologisch korrekt mit SUP, Kanu, Tretboot oder als Windsurfer – oder weniger korrekt mit Jetski, Wasserski oder als Paraglider. *Náfplio Water Sports | nafpliowatersports.com*

STRÄNDE

ARVANITIÁ BEACH

Der kleine Kiesstrand macht Nauplia auch zum Badeort. Nur 400 m von der Altstadt entfernt findest du hier ein richtiges Strandbad mit Duschen und Umkleideräumen, Café und Restaurant. Sei mittendrin in der hippen Crowd, die sich hier zwischen weißen Tüchern und Palmstrohdächern in der *Sambala Beach Bar* in der Strandmitte tummelt *(tgl. 9–21 Uhr | Facebook: sambalabeachbaresto).*

INSIDER-TIPP
Hip unterm Strohdach

KARATHÓNAS BEACH

4 km außerhalb säumt dieser mit 1700 m längste – und daher nie überfüllte – (Kies-)Strand der Region den Argolischen Golf. Ein paar Beachbars komplettieren das Angebot. Zwischen Ende Juni und Ende August fährt auch ein Stadtbus hin.

AUSGEHEN & FEIERN

BLUBLANC BEACH

Traumhaft sind die Partys im Juli und August direkt am Meer mit der angestrahlten Burg Akronauplia am Himmel. Termine im Internet. *Arvanitiá Beach | Facebook*

FOÚGARO

Abende mit Niveau verspricht das Kulturzentrum in einer ehemaligen Konservenfabrik. Hier treten auch berühmte griechische Bands und Sänger auf (Programm im Internet). Oft laufen hier auch Kunstausstellungen, bei denen sich die Szene Nauplias zwischen 18 und 22 Uhr trifft – mit geselliger Fortsetzung im dazugehörigen Café. *Leofóros Asklípiou 98 | fougaro.gr*

NÉOS KÍOS

Nachbarn gibt es nicht, darum können die Clubs entlang der Uferstraße zwischen Nauplia und Néa Kíos ihre Boxen voll aufdrehen. Besitzer und Namen wechseln häufig, etliche Clubs sind nur im Hochsommer in Betrieb. Frag am besten in den Bars an der Uferstraße, wo man ohnehin vorglüht.

RUND UM NAUPLIA

1 LÉRNA

12 km westlich von Nauplia/1 Std. mit dem Fahrrad

Lérna war nach Neméa in der Nähe Korinths Schauplatz der zweiten der zwölf Heldentaten des Herkules. Hier hatte er es mit einer neunköpfigen Wasserschlange – der Hydra von Lérna – zu tun, die Mensch und Tier verschlang. Für jeden abgeschlagenen Kopf wuchsen ihr zwei neue nach. Herkules musste ganze Wälder anzünden, um ihre Köpfe auszubrennen. Mit der Galle des Ungeheuers bestrich er fortan seine Pfeile, die so jedem Gegner unheilbare Wunden beibrachten.

Archäologen haben in Lérna Siedlungsreste ans Licht gebracht, deren älteste Teile aus dem 6. Jahrtausend v. Chr. stammen, also aus einer Zeit lange vor Ankunft der ersten griechischen Stämme. Spätestens seit dem 3. Jahrtausend war diese Siedlung von einer Festungsmauer umgeben, von der ebenfalls Reste zu sehen sind. Sie war doppelschalig und umhüllte verschiedene Räume, deren Dach wahrscheinlich als Wehrgang diente. Die Ausgrabungen liegen 100 m östlich der Straße von Árgos nach Trípoli am Ortsrand des Dorfs Míli, die Wegweiser an der Zufahrt sind leicht zu übersehen. *Mi–Mo 8.30–15.30 Uhr | 3 Euro | 15 Min.* | L3

2 ÁRGOS

12 km nordwestlich von Nauplia/ 20 Min. mit dem Bus

Árgos (24 000 Ew.) ist im Gegensatz zum nahen Nauplia eine Stadt fast ohne Touristen, Parkplätze und Fußgängerzonen. Für echte Griechenlandfreaks ist es vielleicht gerade deswegen schön. Interessante *Ausgrabungen (Mi–Mo 8.30–15.30 Uhr | 3 Euro | 45 Min.)* der antiken Stadt findest du unmittelbar an der Straße vom Zentrum in Richtung Trípoli.

Man betritt zunächst die *römischen Thermen,* von denen einige Mauerreste noch in beträchtlicher Höhe erhalten sind. Zu erkennen sind Warm- und Kaltbäder und die für römische Warmbäder typische Heizanlage: Aus einer mit Holz befeuerten Heizkammer strömte Warmluft unter die Fußböden, die auf kurzen Pfeilern aus Ziegelsteinen ruhten, und stieg dann durch Tonröhren die Wände empor.

In den Hang westlich der Thermen ist das leider nicht sehr gut erhaltene *Theater* eingeschnitten. Mit seinen 81 Sitzreihen war es einst das größte Griechenlands. Geht man am Fuß des Hangs nach Süden, erreicht man nach etwa 150 m ein kleines Theater, das *Odeon.* Es war überdacht und diente für Musikdarbietungen, aber auch als Versammlungsstätte der Bürger. Historische Gebäude sehr viel jüngeren Datums – und daher noch intakt – sind direkt an der Kentrikí Platía eine klassizistische *Markthalle* aus dem 19. Jh. und eine *Kavalleriekaserne* aus der Zeit um 1832, als die Bayern hier das Sagen hatten. In ihr ist jetzt das *Byzantinische Museum der Argolís (Mi–Mo 8.30–15.30 Uhr | 4 Euro | 20–30 Min.)* untergebracht.

Lohnend ist die Fahrt auf den weithin sichtbaren, 289 m hohen *Burgberg Lárissa* mit den Ruinen einer byzantinisch-venezianisch-türkischen *Festung (frei zugänglich, werktags Behinderungen durch Sanierungsarbeiten).* Die Zufahrtsstraße führt am Nordhang des Bergs entlang und passiert die ausgeschilderten, frei zugänglichen Ausgrabungen eines *Heiligtums* für Apollo Deiradiotes und Athena Oxyderkis, das in einem schönen Kiefernwald liegt. Eine Stichstraße zweigt 800 m vor dem Gipfel zum Frauenkloster *Génesis tou Christoú (tgl. 8–12 und 15–17 Uhr | kein Zutritt für Männer | 15 Min.)* ab, das Christi Geburt geweiht ist. Sehr fotogen – und auch von Männern zu betrachten – ist hier die Außenmauer, deren Fresken ausführlich die Weihnachtsgeschichte erzählen – ein guter Post für die Adventszeit. Ein

INSIDER-TIPP
Weihnachtsfotos schießen

Auf dem Burgberg Lárissa thront malerisch die Ruine einer Festung hoch über Árgos

zweites Frauenkloster, *Agía Marína (tgl. 8–12 und 15–17 Uhr | ⏱ 15 Min.)*, liegt unmittelbar unterhalb der Burg. Dort dürfen auch Männer hinein. *L3*

3 TIRYNS (TÍRINTHA)

5 km nördlich von Nauplia/25 Min. mit dem Fahrrad

Obelix wäre ein perfekter Mykener gewesen. Wie die all die mächtigen, tonnenschweren Steine für ihre Burgmauer hierher transportierten und übereinander schichteten, weiß heute niemand genau – man staunt nur. Die mykenische *Burg von Tiryns* (14.–12. Jh. v. Chr.) ist anders als die Burg von Mykene nicht auf einem Hügel, sondern unmittelbar in der fruchtbaren Ebene erbaut worden. Deswegen brauchte sie besonders mächtige Mauern. Deren Stärke schwankt zwischen 4 und 17 m. Sie sind auf 725 m Länge aus riesigen, vieleckigen Steinblöcken zusammengesetzt. Spätere Generationen hielten sie für das Werk von einäugigen Riesen, nach denen dieser Mauertypus denn auch als Kyklopenmauer bezeichnet wird.

In der Burg findet man wie in Mykene die Grundmauern des *Megaron*, also des königlichen Palasts. Eine imponierende Eigenart dieser Burg sind die berühmten *Galerien* – spitzbogig eingewölbte Gänge. Sie dienten zum Teil als Lagerräume, zum Teil als Schutz für die im Verteidigungsfall besonders wichtigen Zisternen.

Tiryns wurde im 12. Jh. v. Chr. durch einen Brand zerstört und danach nicht wieder aufgebaut; die immer noch laufenden Ausgrabungen stehen unter der Regie des Deutschen Archäologischen Instituts in Athen. Sie liegen nahe der Hauptstraße von Nauplia nach Árgos. *Tgl. 8.30–15.30 Uhr | 4 Euro | ⏱ 1 Std. | L3*

4 IRÉO (IRAIO)

10 km nördlich von Nauplia/20 Min. über Tiryns

Reisegruppen findest du ätzend? Im Iréo wirst du ihnen nicht begegnen. Das antike Heiligtum liegt abseits aller gängigen Routen am Ostrand der argolischen Ebene. Es war Zeus' Gattin Hera geweiht und erstreckt sich über drei Ebenen.

Auf der untersten stehen die Überreste einer Säulenhalle. Von hier aus konnten Pilger die große Prozession beobachten, die alljährlich während des Hera-Fests von Árgos heraufzog. Im benachbarten, quadratischen Gebäude wurde das Festmahl ausgerichtet. Eine breite Treppe führte auf die mittlere Ebene mit dem 420 v. Chr. erbauten *Hera-Tempel*, von dem der Unterbau und eine in den Tempel führende Rampe gut erhalten sind. Die oberste Ebene wird durch eine weithin sichtbare Mauer aus besonders großen Steinen gestützt, eine sogenannte *Kyklopenmauer*. Auf der Mauer stand bis 423 v. Chr. ein dann niedergebrannter hölzerner Hera-Tempel.

Die Stätte liegt 1,7 km nördlich der neuen Schnellstraße von Nauplia nach Mykene *(Ausfahrt Néo Iréo)*. Am Ortsende des Dorfs Néo Iréo ist die Zufahrtsstraße ausgeschildert. *Mi–Mo 8.30–15.30 Uhr | Eintritt frei | ⏱ 30–40 Min. | L3*

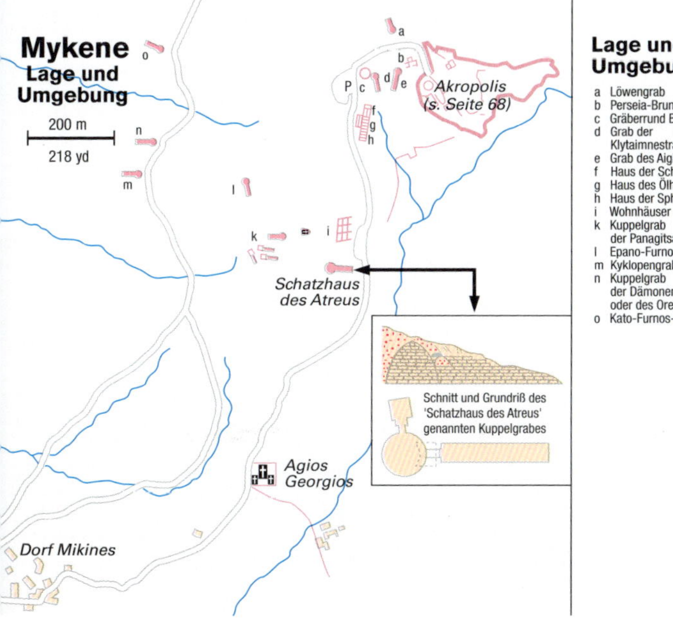

5 MYKENE (MIKÍNES, MYKINÄ)

25 km nördlich von Nauplia/30 Min. über Tiryns

Die ersten Europäer, die lesen und schreiben konnten, waren vor über 3000 Jahren in Mykene zu Hause. Da lebten sie in einer mächtigen ★ Burg und blickten hinunter auf eine grüne, fruchtbare Ebene, die neben Raub und Krieg ihre wichtigste Lebensgrundlage war. Von ihren Wohnhäusern blieb nichts erhalten, dafür künden große Gräber vom Reichtum der mykenischen Herrscher, deren Namen und oft grausame Geschichten uns antike Tragödien überliefert haben, die heute noch in vielen Theatern Europas auf den Spielplänen stehen: Atreus, Agamemnon und Orest zum Beispiel.

Nach Mykene ist eine der drei großen Epochen der antiken griechischen Geschichte benannt: die mykenische Zeit. Diese erste Hochkultur auf europäischem Festland erlebte ihre Blüte zwischen 1400 und 1200 v. Chr. Der Name Mykene ist aber auch untrennbar mit Heinrich Schliemann verbunden, der 1876 aus den Königsgräbern von Mykene bedeutende Kunstwerke aus purem Gold mit einem Gesamtgewicht von 14 kg barg. Ein Teil von ihnen ist im Archäologischen Nationalmuseum in Athen zu sehen.

Auf dem Weg zu den Ausgrabungen passierst du auf der Straße vom heutigen Dorf Mikínes zum Burghügel zunächst das sogenannte *Schatzhaus des Atreus.* In Wahrheit ist es ein Kuppelgrab aus dem frühen 13. Jh. v. Chr.

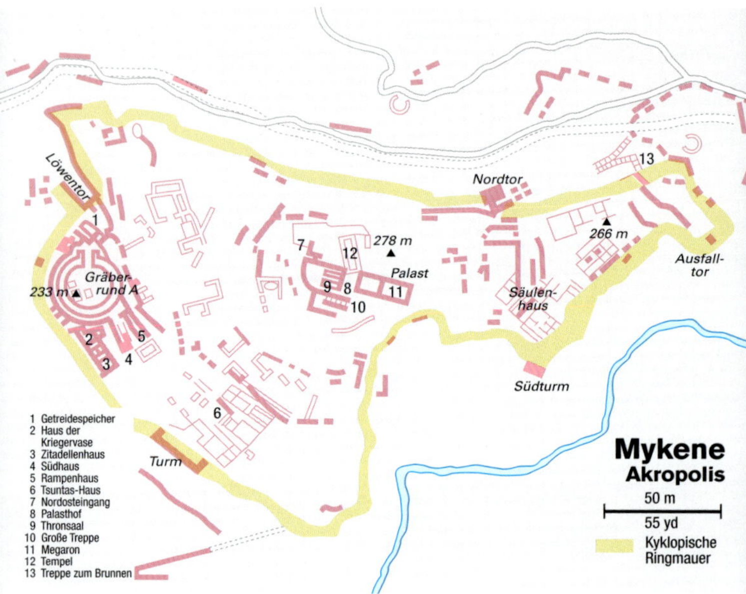

Eine 36 m lange und 6 m breite Passage führt auf ein 5,4 m hohes Tor mit dem für die mykenische Architektur typischen Entlastungsdreieck zu. Dahinter liegt das 13,5 m hohe Kuppelgrab mit 14,5 m Durchmesser, das innen einem Bienenkorb gleicht. Eine echte Wölbung konnte man damals noch nicht bauen; sie wird hier dadurch vorgetäuscht, dass die Mauerringe nach oben zu immer enger werden und dabei jeweils den unteren um einige wenige Zentimeter überkragen. Die eigentliche Grabkammer bildete der kleine Seitenraum, der sich an den Bienenkorb anschließt.

Zwei weitere Kuppelgräber liegen gleich hinter dem Kassenhäuschen am Eingang zur Burg von Mykene: Das mit erhaltener, teilweise restaurierter Kuppel wird *Grab der Klytaimnestra* genannt und stammt aus der Zeit um 1200 v. Chr.; das mit eingestürzter Kuppel ist etwa 300 Jahre älter und wird als *Grab des Aigisthos* bezeichnet. Der Hauptweg führt vom Eingang zum berühmten *Löwentor* aus der Zeit um 1250 v. Chr. Es besteht aus vier tonnenschweren Steinen. Über dem oberen Torblock ist aus der Burgmauer wiederum das für mykenische Tore typische Entlastungsdreieck ausgespart. So wird verhindert, dass das Gewicht der Mauer auf dem oberen Torblock lastet. Hier ist es nun aber durch eine etwa 70 cm dicke Steinplatte mit einem einzigartigen Relief verkleidet, das als eines der bedeutendsten Kunstdenkmäler der mykenischen Zeit gilt. Im Zentrum des Reliefs trägt eine Säule, die auf einem Altar ruht, das Dachgebälk eines Gebäudes, vielleicht des Königspalasts. Zwei Löwen stehen mit ihren Vorderpranken auf dem Altar. Ihre Köpfe, die vermutlich aus Bronze gearbeitet waren, fehlen heute. Das Relief sollte Besuchern der Burg wahrscheinlich die Macht der Könige verkünden und ihnen zugleich andeuten, dass sie sich einem heiligen Bezirk nähern.

Hinter dem Tor liegt gleich rechter Hand der *Gräberkreis,* den Heinrich Schliemann freilegte. In den fünf von ihm entdeckten Grabschächten aus dem 16. Jh. v. Chr. fand er 19 Skelette, goldene Totenmasken und mit Blattgold bedeckte Gewänder, Schmuck, Waffen und Gefäße. Als die Toten bestattet wurden, lagen die Gräber außerhalb der damaligen Burgmauer.

Als der *Palast* im 14. Jh. v. Chr. erweitert wurde und nun auch die Gräber umfasste, gestaltete man sie zu einem Heiligtum um. Der Platz über den Gräbern wurde aufgeschüttet und mit Steinplatten belegt. Ringsherum wurde eine Doppelreihe senkrecht stehender Steinplatten aufgestellt. Sie waren oben eingekerbt, trugen Holzbalken, auf die wiederum Steinplatten gelegt wurden. Ein Kultplatz war entstanden, der anders als ein gewöhnlicher Friedhof innerhalb der Mauern verbleiben konnte.

Vom Gräberkreis führt der Weg zur Kuppe des Burghügels, auf dem Spuren des königlichen Palasts, des *Megaron,* erhalten sind. Er stand größtenteils auf künstlich geschaffenen Terrassen. In der Mitte des *Thronsaals* markiert eine leichte Erdaufschüttung die Stelle des Herdfeuers. An ihren vier Ecken sind Säulenbasen zu erkennen. Der Thron stand an der Südseite des 11,5 x 13 m großen Saals.

Im Norden der Burg führt ein unterirdischer Gang zu einem *Brunnen.* Er wurde über eine unterirdische Tonröhrenleitung mit Wasser aus einer 360 m entfernten Quelle versorgt. Von hier führt der Weg weiter zum kleinen, modernen *Museum* mit Repliken der Schliemannschen Goldfunde und Resten mykenischer Fresken sowie den einzigen Toiletten weit und breit. *Mai–Aug. tgl. 8–20, 1.–15. Sept. 8–19.30, April und 16.–30. Sept. 8–19, 1.–15. Okt. 8–18.30, 16.–31. Okt. 8–18, Nov. 8–17, Dez.–März 8.30–15.30 Uhr | Sommer 12 Euro, Winter 6 Euro | 3–4 Std. | L3*

6 TOLÓ

12 km südöstlich von Nauplia/20 Min. mit dem Bus

Wenn du für deine Tage in der Argolís einen richtigen Badeort mit langem Sandstrand, vielen Strandtavernen, ein paar Clubs und einem Hafen mit Ausflugsbooten suchst, aber auch Nauplia und archäologische Stätten besuchen willst, bist du hier genau richtig. Das Angebot von *Tolo Water Sports (beim Hotel Solon | Tel. 69 39 47 85 53 | tolowatersports.gr)* umfasst Wind- und Kitesurfen, Wasserski, Wakeboard, SUP, Tretboote und Kanu. Bootsausflüge führen zu den Inseln Hydra und Spétses, nach Monemvassía und ins abendliche Nauplia. Treff zum Abrocken ist der *Gorilla GNG Club* direkt am Strand. Da kannst du 24 Stunden durchfeiern, denn man serviert dir hier auch Abendessen und Frühstück direkt an der Ägäis.

INSIDER-TIPP
Ein Tag im Club

An der Straße von Nauplia her liegen da, wo die Straße die Küste erreicht, oberhalb eines ganz kleinen Strandes zudem die *Ausgrabungen (Mi–Mo 8.30–15.30 Uhr | 3 Euro | ⏲ 30 Min.)* der erst jüngst freigelegten Stadt *Assíni* direkt überm Meer. Besonders gut erhalten ist die Stadtmauer aus hellenistischer Zeit. Im Zweiten Weltkrieg hatten sich hier italienische Truppen verschanzt, einige ihrer Geschützstellungen sind noch zu sehen. *L4*

7 LIGOÚRIO

25 km östlich von Nauplia/35 Min. über die EO 70

Mal ganz was anderes: In dem großen Dorf nahe dem berühmten Theater von Epidauros steht direkt an der Durchgangsstraße das schönste geologische Museum Griechenlands, das private *Kotsiomítis Natural History Museum (nur mit Terminvereinbarung unter Tel. 69 72 56 80 80 | 3 Euro | museum-kotsiomitis.gr | ⏲ 20–30 Min.)*. Sehr ansprechend werden in diesem Fossilien und Mineralien nicht nur aus Griechenland, sondern aus der ganzen Welt gezeigt. So manchen der großen, bunt schillernden Steine hättest du sicher auch gern zu Hause! *M3*

8 EPIDAUROS (EPÍDAVROS)

27 km östlich von Nauplia/35 Min. über die EO 70

Schalt dein Kopfkino ein, wenn du durch Epidaurus streifst! Stell dir einen prächtigen Kurort voller Men-

Drei von 12 000 möglichen: Zuschauer im antiken Theater von Epidauros schen vor und Abende im Theater mit 12 000 lauten, in antike Gewänder gekleideten Griechen. Tempel, in denen man sich berauschte, und lichte Hallen, in denen man sich zum Träumen hinlegte. Gästehäuser und sportliche Großevents – das pralle Leben. Epidauros war vor über 2000 Jahren der berühmteste Kurort Griechenlands. Heute noch wirkt ein Rundgang durch die Ausgrabungen, die zum Unesco-Welterbe gehören, wie Seelenbalsam. Die Ruinen von Tempeln und Heilschlafhallen sind in einen alten Pinienwald eingebettet, aus dem schlanke Zypressen aufragen; den oberen Rang des Theaters säumt eine Hecke aus Steineichen.

Das ★ *Theater von Epidauros* solltest du zu Beginn des Rundgangs besuchen. Es wurde im 3. Jh. v. Chr. mit 34 Sitzreihen errichtet und etwa 500 Jahre später auf 55 Sitzreihen für 12 000 Zuschauer erweitert. Alle Sitzreihen sind erhalten, sodass das Theater auch heute noch jeden Sommer für Aufführungen antiker Stücke genutzt werden kann. Warte, bis eine Gruppe mit Fremdenführer kommt. Die stellen nämlich immer die hervorragende Akustik des Baus unter Beweis: Noch auf der obersten Sitzreihe kannst du von ihnen fallen gelassene Münzen nach dem Klang des Aufpralls unterscheiden, Papier rascheln hören oder das Entzünden eines Streichholzes vernehmen.

INSIDER-TIPP
Hör mal gut hin!

Am Weg vom Theater ins Ausgrabungsgelände steht das *Museum*. Hier sind die teilweise ergänzten Originalbauteile der großen Propyläen des Asklípios- und des Artemis-Tempels besonders bemerkenswert. Im Ausgrabungsgelände erleichtern die an mehreren Stellen angebrachten Übersichtspläne die Orientierung. Du siehst das *Katagogion*, einen ursprünglich zweigeschossigen, quadratischen Bau mit über 76 m Seitenlänge. Seine 160 Räume, in denen die Pilger und Kurgäste seit dem 4. Jh. v. Chr. wohnten, gruppierten sich um vier schattige Innenhöfe. Nahezu ebenso groß war das *Gymnasion*, dessen Innenhof von Säulenhallen umgeben war. Hier wurden Ringkämpfe ausgetragen. In römischer Zeit entstand im Innenhof ein noch deutlich sichtbares *Odeon*, also ein kleines Konzerttheater.

Ein rätselhafter Bau ist die auch *Thymlele* genannte *Tholos*. Der Rundtempel aus dem 4. Jh. v. Chr. mit seinen 26 Säulen steht nicht mehr. Aber die drei durch Mauern unterteilten, kreisförmigen Gänge, die einst unter dem Tempel lagen, sind noch deutlich zu erkennen. Man vermutet, dass in ihnen die heiligen Schlangen des Heilgotts Asklípios gehalten wurden.

Nahe der Tholos lag das *Abaton*. Es diente als Heilschlafhalle: Nach dem Vollzug kultischer Riten inklusive Drogenkonsum und des obligatorischen Opfers legten sich die Heilung suchenden Kranken hier zum Schlafen nieder. Fast immer erschien ihnen im Traum der Heilgott Asklípios (Äskulap). Priester deuteten diesen Traum und leiteten daraus in Verbindung mit schon recht guten medizinischen Kenntnissen die Therapie ab, die sie

psychosomatisch geschickt als Rezept des Gottes ausgaben. Sie konnten sogar Operationen anordnen und von den Ärzten im Heiligtum ausführen lassen. Aber auch Trinkkuren waren üblich.
Über den Festplatz des Heiligtums, auf dem in halbkreisförmigen, offenen Räumen Weihestatuen standen, gelangst du zu den in einem Wäldchen gelegenen *Großen Propyläen*, dem antiken Prachteingang zur Kultstätte. Einige Meter östlich davon bezeugen die Überreste einer frühchristlichen *Basilika*, dass Epidauros auch noch im 5. Jh. als Kurort genutzt wurde – aber wohl ohne Heidenfreuden. An Aufführungsabenden fahren Linienbusse *(19 Uhr ab Toló und Árgos, 19.30 Uhr ab Nauplia)* zum Theater.
Theater und Ausgrabungen Mai–Aug. tgl. 8–20, 1.–15. Sept. 8–19.30, April und 16.–30. Sept. 8–19, 1.–15. Okt. 8–18.30, 16.–31. Okt. 8–18, Nov. 8–17, Dez.–März 8.30–15.30 Uhr | Sommer 12 Euro, Winter 6 Euro | antike Dramen Ende Juni–Aug. Fr/Sa 21 Uhr, Tickets 25–60 Euro | Kartenvorverkauf an der Theaterkasse Mo–Do 9–19, Fr/Sa 9–21 Uhr oder auf aefestival.gr, Reservierung unter Tel. 2118008181 | 2–3 Std. | M3

9 DÍDIMA ★

60 km südöstlich von Nauplia/ 1¼ Std. über Epidauros

Im Hochtal von Dídima erwartet dich ein fotogenes Wunder der Natur. Von der Hauptstraße im Tal führt dich ein Wegweiser auf gutem Feldweg zu den *Spílea Didimón*. Am verkarsteten Berghang voraus ist im graugrünen Fels schon deutlich ein brauner Krater

auszumachen. Du kommst an einen Drahtzaun: Hier musst du halten. Jenseits des nicht überall unüberwindlichen Zauns blickst du plötzlich in einen 40 m tiefen Krater mit mehr als 100 m Durchmesser. In Wirklichkeit ist es kein Krater, sondern eine Doline: eine ehemalige Karsthöhle, deren Decke eingestürzt ist. Der Boden ist von Büschen, Gräsern und Bäumen bewachsen; in die senkrecht abfallenden Wände sind zwei weiße Kapellen gebaut. Eine Treppe führt dort, wo der Feldweg den Zaun erreicht, zu einer dieser Kapellen hinunter, in der Freskenreste aus dem 15. Jh. erhalten sind. Von dieser ersten Doline aus kannst du zu Fuß noch etwa 400 m weitergehen zur zweiten Doline, die du schon vorher bei der Anfahrt von Weitem gesehen hast. Sie ist zwar etwas größer, gleichwohl aber weniger eindrucksvoll als die erste. *M4*

Im Hafen von Vathí ahnt man noch nichts von der Lavawüste auf der Halbinsel Méthana

10 MÉTHANA ★

75 km östlich von Nauplia/1½ Std. über die EO 70

Hoppla, wo bin ich? Die Frage stellt sich so mancher, der in der Lavawüste auf der Méthana-Halbinsel steht. Man fühlt sich nach Island oder Lanzarote versetzt – und schaut dabei über die Ägäis fast bis nach Athen. Wenn du über die nur 300 m breite Landbrücke gefahren bist, die Méthana mit dem Peloponnes verbindet, fährst du über die Küstendörfer Megalochóri und Vathí nach *Kaméni Chóra* hinauf. Dieser Ort liegt direkt am mit 2300 Jahren jüngsten der über 30 Lavadome der Halbinsel. Kehr hier ein im Weintherapiezentrum – das bedeutet nämlich der Name der Taverne *Inotherapévtrio* (€). Die wildromantische Kulisse mit Pinien, die aus Lavabrocken wachsen, ist faszinierend. 1½ km weiter steigt an einem winzigen Parkplatz vor einer Rechtskurve ein Pfad für Schwindelfreie (Wegweiser „Volcano") in 15–20 Minuten in eine Mondlandschaft an, in der Flechten, Farne, Feigen- und Erdbeerbäume bizarre Akzente in der Lavawüste setzen. Die teilweise abenteuerlich schmale Straße führt dann weiter nach *Méthana*, wo die Luft beim klassizistischen Thermalbadehaus stark nach Schwefel riecht. *N3*

DER-TIPP
Weintherapie im Lavafeld

11 PÓROS

75 km bis Galatás östlich von Nauplia/1½ Std. über die EO 70

Von *Galatás* pendeln Personenfähren rund um die Uhr in nur fünf Minuten nach *Póros* hinüber, dem bildschönen Hauptort der gleichnamigen Insel. Da spazierst du durch enge Gassen zum markanten Uhrturm hinauf und relaxt dann in einem der vielen Cafés an der fast 2 km langen Uferstraße. *N4*

ELIS & ARKADIEN

SPORTGEIST UND HIRTENROMANTIK

Arkadien hat nur ganz wenig, aber sehr schöne Küste. Kiesstrände überwiegen, Großhotels fehlen – hier machen vor allem Griechen Urlaub. Arkadien ist bis heute das von Dichtern und Schlageträllerern viel besungene Land der Hirten und Herden.

Immer wieder blockieren große Schaf- und Ziegenherden die Straßen. Du kurvst viel durch die Berge, durchquerst weite Hochtäler und dichte Wälder, wanderst durch tiefe Schluchten und könntest im Winter sogar Ski oder Snowboard fahren. Uralte Klöster scheinen

Das sprichwörtliche Hirtenland Arkadien ist tatsächlich eines: Weide bei Dimitsána

an hohen Felswänden zu kleben, Ruhe findest du überall. Die Elis hingegen ist überwiegend fruchtbares Bauern- und Ackerland, wasserreich und daher fruchtbar – und mit vielen langen Sandstränden gesegnet, an denen nirgendwo Gedränge herrscht. In der Elis liegt auch das antike Olympia, wo vor etwa 2800 Jahren die Geschichte der Olympischen Spiele begann und ein Museum griechische Kunstschätze von Weltrang präsentiert. Dort solltest du auf jeden Fall zwei Nächte verbringen, so viel gibt es zu sehen.

ELIS & ARKADIEN

MARCO POLO HIGHLIGHTS

★ **ARCHÄOLOGISCHES MUSEUM IN OLYMPIA**
Einzigartige Kunstwerke erzählen dir viele antike Mythen und Legenden ➤ S. 78

★ **AUSGRABUNGEN VON OLYMPIA**
Hier stehst du am Ursprungsort der Olympischen Spiele ➤ S. 79

★ **BASSAI**
Ein bestens erhaltener Tempel verschwand zu seinem Schutz in einem Riesenzelt ➤ S. 86

★ **DIMITSÁNA**
In diesem Bergdorf startet eine der schönsten Wanderungen auf dem Peloponnes ➤ S. 90

★ **LOÚSIOS-TAL**
In der grünen Schlucht zu Klöstern und Ausgrabungen wandern ➤ S. 90

★ **KLOSTER ELÓNIS**
Wie ein frommes Felsennest klebt das Kloster an einer steilen Felswand ➤ S. 93

Ξυλόκαστρο
Xylokastro
Κιάτο
Kiato
Βέλο
Velo
A8
Νεμέα
Nemea
33
7
8 Orchomenós
A7
1 Langádia
10 Vitína
74
Άργος
Argos
7 Mantínia
9 Dimitsána
74
70
Loúsios-Tal
Τρίπολη
Trípoli
S. 87
Ναύπλιο
Nafplio
7
123 km, 2 ½ Std.
12 Tegéa
Άστρος
Astros
13 Parálio Ástros
219 km, 3 ½ Std.
Μεγαλόπολη
Megalopoli
A7
39
ΠΕΛΟΠΟΝΝΗΣΟΥ
PELOPONNESE
A71
Leonídio 14
Kloster Elónis 15
A7
82
Σπάρτη
Sparta
Καλαμάτα
Kalamata
39
86
Σκάλα
Skala
Messiniakós Kólpos
39
10 km
6.21 mi

OLYMPIA

(□ H3) **Hier bist du da, wo vor über 2700 Jahren die Geschichte der Olympischen Spiele begann. In einem grünen Tal zwischen grünen Hügeln in purer Ländlichkeit. In einem modernen Dorf namens Olimbia mit nur 1300 Einwohnern, das inzwischen fast nur noch vom Tourismus lebt. In einer parkähnlichen Ruinenlandschaft, die dir viel über die ersten 1100 Jahre olympischer Geschichte erzählt. Hier solltest du mindestens einen vollen Tag lang bleiben.**

Seit 1875 legt das Deutsche Archäologische Institut frei, was aus der über 1100-jährigen Geschichte des dem Göttervater Zeus geweihten Heiligtums erhalten geblieben ist. Für 776 v. Chr. sind erstmals Olympische Spiele belegt. Bis zum Verbot sämtlicher heidnischer Kulte durch den oströmischen Kaiser Theodosius 395 fanden die Olympischen Spiele alle vier Jahre statt. Sie waren zusammen mit den stärker musisch ausgerichteten Spielen von Delphi und den Isthmischen Spielen bei Korinth das größte gesamtgriechische Fest. Es brachte Teilnehmer aus vielen griechischen Stadtstaaten zusammen, die sich sonst häufig befehdeten und keineswegs ein einheitliches Volk bildeten. Während der Zeit der Olympischen Spiele mussten alle Waffen ruhen; die Wettkämpfe waren eine Art Kriegsersatz. Nur der Sieger erhielt als Trophäe einen Ölzweig; Silber- und Bronzemedaillen gab es damals noch nicht. Anfangs wurde nur ein Wettbewerb ausgetragen, der Stadionlauf über eine Distanz von 192 m. Noch im 8. Jh. v. Chr. kamen der doppelte Stadionlauf, ein Langstreckenrennen über 4600 m und ein Fünfkampf hinzu. Später ergänzten Wettbewerbe wie Faustkampf und Wagenrennen die Spiele. Bis 472 v. Chr. fanden alle Wettkämpfe an einem einzigen Tag statt, danach wurden die Spiele auf fünf Tage ausgedehnt. Nur freie männliche Griechen (und in römischer Zeit auch freie Römer) durften teilnehmen. Frauen war das Zuschauen bei Todesstrafe verboten.

SIGHTSEEING

ARCHÄOLOGISCHES MUSEUM ★ ☂

Dass die Olympischen Spiele der Antike noch viel glamouröser waren als die von heute, wird mit etwas Phantasie in diesem modern gestalteten Museum deutlich. Olympia war nicht nur für ein Jahr, sondern über 1000 Jahre lang ein prachtvoller Ort. Überall im Heiligtum waren teure Kunstwerke aus Marmor und Metall aufgestellt. Dazu gehört die Siegesgöttin *Nike* des Bildhauers Paeonios aus dem 5. Jh. v. Chr., die geradewegs vom Olymp herabzuschweben scheint (Saal VII). Ursprünglich stand sie auf einer 9 m hohen Säule. Ein gleichwertiges Meisterwerk ist der *Hermes des Praxiteles* (Saal VIII), das den antiken Botengott mit dem Wein- und Theatergott Dionysos als Kind auf dem Arm zeigt. Er bringt ihn zu den Nymphen, die ihn großziehen sollen.

Auch in jenen fernsehlosen Zeiten waren Dokus und Krimis gefragt. Der *Zeus-Tempel* war reichlich damit geschmückt. Seine in Saal V ausgestellten Marmorreliefs, die sogenannten zwölf Metopen, zeigen die zwölf Heldentaten des uns als Herkules bekanntes Herakles. Im gleichen Saal sind auch die figurenreichen Darstellungen aus den Giebelfeldern zu sehen. Eine zeigt den sagenhaften Kampf zwischen den Lapithen und Kentauren. Die andere erzählt die Geschichte von der kriminellen Energie, mit der Pelops bei einem Wagenrennen in Olympia siegte und sich dadurch zum König des fortan nach ihm benannten Peloponnes aufschwang. All diese Storys werden im Museum auch gut auf deutschsprachigen Erklärungstafeln erläutert. Besonders interessant sind zudem die antiken Sportgeräte und kleine Ausstellungsobjekte, die einst berühmten Männern gehörten: der Helm, den der griechische Heerführer Miltiades bei seinem Sieg über die Perser in der Schlacht von Marathon 490 v. Chr. trug, oder der Becher des Bildhauers Phidias, aus dem der Schöpfer der Zeus-Statue von Olympia trank. Er trägt auf dem Boden die Inschrift „Ich gehöre dem Phidias". *Mai–Aug. tgl. 8–20, 1.–15. Sept. 8–19.30, April und 16.–30. Sept. 8–19, 1.–15. Okt. 8–18.30, 16.–31. Okt. 8–18, Nov. 8–17, Dez.–März 8.30–15.30 Uhr | Kombiticket mit Ausgrabungen und zwei weiteren Museen 12 Euro | ⏲ 1–1¼ Std.*

AUSGRABUNGEN ★

Wenn du die Ausgrabungen nicht nur sehen, sondern auch Olympia verstehen willst, solltest du vom Eingang aus gleich zum *Tempel des Olympischen Zeus* gehen. Er ist an seinem dreistufigen Unterbau, einer wieder aufgerichteten Säule und den vielen gewaltigen Säulenresten deutlich zu erkennen.

Wer wird denn gleich den Kopf verlieren? Göttin Nike im Archäologischen Museum

Dieser Tempel war der kultische Mittelpunkt des Heiligtums. Auf der fast 28 m breiten und über 64 m langen obersten Stufe des Unterbaus bildeten 36 dorische Säulen, jede über 10 m hoch, die Ringhalle des 457 v. Chr. fertiggestellten Tempels

aus Muschelkalk. Sie umgaben die fensterlose *Cella,* die man durch eine Türöffnung im Osten betrat.

Drinnen stand in mystischem Halbdunkel eines der sieben antiken Weltwunder: eine gut 13 m hohe, innen hohle Zeus-Statue aus Gold, Silber, Elfenbein und Edelsteinen. Sie war das Werk des Phidias, der auch am Bildschmuck für den Parthenon-Tempel auf der Athener Akropolis mitwirkte. Vom Unterbau des Zeus-Tempels aus hast du einen guten Überblick über die Ausgrabungen. Dem Tempel gegenüber stehen die hohen Ziegelmauern einer *Kirche* aus dem 5. Jh., die anstelle der antiken Werkstatt des Phidias erbaut wurde.

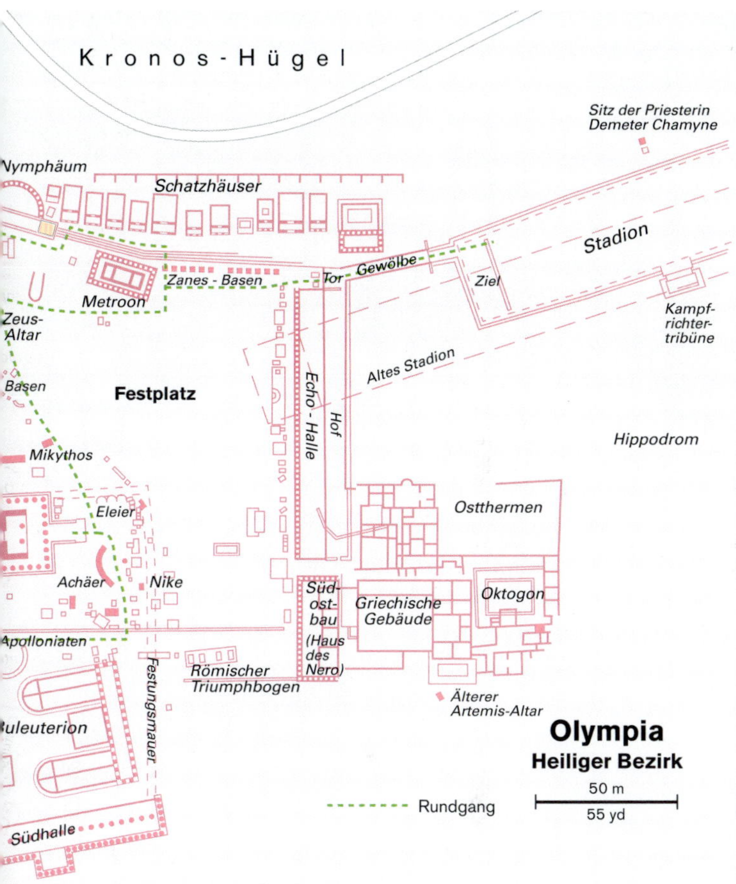

Südlich an die Werkstatt des Phidias schloss sich das *Leonidaion* an, eine im 4. Jh. v. Chr. entstandene Herberge für Ehrengäste, die in römischer Zeit durch ein großes, gut erkennbares Wasserbecken verschönert wurde. Nördlich der Werkstatt des Phidias ist die große *Palästra* aus dem 3. Jh. v. Chr. mit ihren Säulenreihen, in der die Ringkämpfe ausgetragen wurden, deutlich zu sehen. Im Nordteil des Innenhofs ist das Rillenpflaster erhalten, das den Kämpfern mehr Standsicherheit verleihen sollte.

Gen Norden fällt der Blick vom Zeus-Tempel auf den *Hera-Tempel,* dessen Säulen recht unterschiedlich sind. Manche sind aus bis zu zehn, an-

Wo einst die Athleten einliefen, spazierst heute du: Eingang ins Stadion

dere nur aus einigen wenigen Säulentrommeln zusammengesetzt. Die Kapitelle sind verschieden, eine der Säulen hat nur 16 statt der üblichen 20 Kanneluren. Das weist darauf hin, dass der bereits um 600 v. Chr. erbaute Tempel ursprünglich hölzerne Säulen besaß, die im Lauf der Jahrhunderte durch steinerne ersetzt wurden, die jeweils dem Geschmack der Zeit entsprachen.

An den Hera-Tempel schließt sich nach Osten hin jenseits einer halbrunden Brunnenanlage aus römischer Zeit eine *Terrasse* an, auf der einst die Schatzhäuser von elf griechischen Stadtstaaten standen. Sie verwahrten hier wertvolle Weihegeschenke an Zeus; zahlreiche weitere Weihegaben auch anderer Städte an die Götter waren überall im heiligen Bezirk aufgestellt.

Die Schatzhausterrasse endet am Eingang zum Stadion, der ursprünglich mit einem Tonnengewölbe überdacht war. Ein Teil davon wurde rekonstruiert. Rechts vom Eingang liegen die Fundamente der *Echohalle,* einer 98 m langen Wandelhalle, die den Besuchern der Spiele Schutz vor Regen und Mittagssonne gewährte.

Das antike *Olympiastadion* ist ein überraschend einfaches Bauwerk. Es bot auf seinen gut erhaltenen Erdwällen 40 000 Zuschauern Platz; nur die Schiedsrichter saßen auf steinernen Bänken. Die Start- und Ziellinien aus Steinplatten sind an beiden Stadionenden noch deutlich zu erkennen.

Das *Hippodrom* für die Wagenrennen lag südöstlich des Stadions, ist heute aber kaum noch auszumachen. Auffallend sind hingegen die vielen Grundmauern griechischer und römischer *Thermen* am Süd- und Westrand des Geländes.

Am Weg zum Ausgang liegen die Reste des *Philippeion:* zwei kreisförmige Fundamente, die früher einen Rundtempel ähnlich den Tholoi von Delphi und Epidauros trugen. Philipp II. von Makedonien stiftete ihn nach seinem Sieg bei Chaironeia 338 v. Chr.; sein

Sohn Alexander der Große ließ ihn fertigstellen. Im Inneren standen fünf Statuen aus Gold und Elfenbein: in der Mitte Alexander, flankiert von seinen Eltern und Großeltern. Nördlich des Philippeions erkennt man dann die Überreste des *Prytaneion,* in dem die Olympiasieger feierlich bewirtet wurden. Auf der anderen Seite des modernen Wegs zeugen geringe Reste vom *Gymnasion* aus dem 3. Jh. v. Chr. Hier konnten die Olympiakämpfer auf einem von Säulenhallen umgebenen Platz für ihre Wettkämpfe trainieren. *Mai–Aug. tgl. 8–20, 1.–15. Sept. 8–19.30, April und 16.–30. Sept. 8–19, 1.–15. Okt. 8–18.30, 16.–31. Okt. 8–18, Nov. 8–17, Dez.–März 8.30–15.30 Uhr | 6 Euro, Kombiticket mit Archäologischem und zwei weiteren Museen 12 Euro | 2–2½ Std.*

MUSEUM DER GESCHICHTE DER OLYMPISCHEN SPIELE

Die Gleichberechtigung von Mann und Frau war in der Antike kein Thema. Bei den Olympischen Spielen waren sie noch nicht einmal als Zuschauerinnen geduldet. Dass sie aber zumindest bei den alle vier Jahre zwischen den Spielen ausgetragenen *Heraia,* einem Fest zu Ehren von Zeus' Gattin Hera, im Stadion von Olympia zum Kurzstreckenlauf antreten durften, belegen Funde in einem speziell diesem Thema gewidmeten Raum in dem Museum. Außerdem zeigt es antike Sportgeräte und Siegerurkunden. *Oberhalb der Straße von den Ausgrabungen ins Dorf | Mai–Aug. tgl. 8–20, 1.–15. Sept. 8–19.30, April und 16.–30. Sept. 8–19, 1.–15. Okt. 8–18.30, 16.–31. Okt. 8–18, Nov. 8–17, Dez.–März 8.30–15.30 Uhr | Eintritt frei | 20–30 Min.*

MUSEUM DER AUSGRABUNGSGESCHICHTE

Wärst du bei der Entdeckung Olympias gern dabei gewesen? Schau dir lieber erst einmal die historischen Fotos und Aufzeichnungen in diesem winzigen Museum an, bevor du eine Antwort gibst. *Neben dem Museum der Geschichte der Olympischen Spiele (wenn geschl., dort melden) | Eintritt frei | 5–10 Min.*

ARCHIMEDES-MUSEUM

Wer hat den Wecker, das Kino, den Getränkeautomaten und all das erfunden, ohne das es heute keine Autos gäbe? Richtig: die alten Griechen! Das jedenfalls will der Inhaber dieses privaten Museums mit seiner spannenden Ausstellung beweisen. Er hat dafür auf der Grundlage antiker Schriften und Vasenmalereien technische Errungenschaften des Altertums rekonstruiert und als funktionstüchtige Modelle nachgebaut. Mitarbeiter erläutern auf Wunsch alles so überzeugend, dass wohl auch du zur Erkenntnis gelangst, dass die Menschheit ohne die alten Griechen noch immer in Höhlen hausen würden. *An der Hauptstraße Praxitéli Kondíli 9 | tgl. 10–15, April–Okt. bis 20 Uhr | Eintritt frei | archimedesmuseum.gr*

ESSEN & TRINKEN

ORÉSTIS

Die moderne Taverne in der stilleren zweiten Reihe zeichnet sich durch faire Preise, sehr freundlichen und flinken Service und griechische Standardgerichte guter Qualität aus. *Odós Spiliopoúlou | tgl. | Tel. 26 24 02 60 46 | €*

BACCHUS

Weg vom olympischen Trubel! Diese moderne Taverne im 3 km entfernten Dorf *Archéa Píssa* (auch Miráka genannt) gilt als beste der Region. Abseits der Massen wird eine kleine Auswahl überwiegend regionaler Spezialitäten serviert, das Olivenöl stammt von eigenen Bäumen und auch der offene Wein kommt aus der Umgebung. Die Taverne ist sogar im Winter täglich geöffnet, was für viel einheimisches Stammpublikum spricht. Gäste können den kleinen Pool der angeschlossenen Pension im Sommer gern benutzen. *Archéa Píssa | im Winter mittags geschl. | Tel. 26 24 02 22 98 | bacchustavern.gr | €€*

INSIDER-TIPP
Pack die Badehose ein!

SHOPPEN

L'ORPHÉE

Die meisten Souvenirgeschäfte in Olympia bieten Kopien antiker Museumsobjekte aus ganz Griechenland an, von der kleinen bemalten Vase bis zur Götterstatue in Menschengröße. Im L'Orphée ist man feinsinniger: Neben guten Büchern über griechische Themen in verschiedenen Sprachen, ausgewählter griechischer Musik und guten Weinen gibt es hier auch moderne griechische Kunst. *An der Hauptstraße Odós Praxitéli Kondíli*

KLIÓ'S HONEY FARM

Auf ihrem kleinen Bauernhof empfängt Bienenzüchterin und Obstbäuerin Klió Panagópoulou Gäste, weiht sie in die Geheimnisse der Imkerei ein und lässt sie Erdbeeren und Obst pflücken.

INSIDER-TIPP
Auszeit mit Honig und Obst

Loutrá Killínis: lange Sandstrände und Dünen wie an der Nordsee

Unter schattigen Bäumen oder im alten Bauernhaus kannst du hier Honig, Früchte und allerlei Süßes aus eigener Herstellung verkosten und auch schön verpackt kaufen. *Am nördlichen Ortsrand | klioshoneyfarm.com*

WELLNESS

EUPHORIA SPA

Willst du dir wie antike Olympiateilnehmer Massagen und Bäder gönnen, ist dieses Spa im Hotel Olympic Village dafür der geeignete Ort. Hamam und Whirlpool wirst du auch im Sommer gerne nutzen, Sauna und Solarium sind wohl eher für Wintergäste gedacht. *Am nördlichen Ortsrand | Tel. 26 24 02 22 11 | olympicvillagehotel.com*

AUSGEHEN & FEIERN

ZORBÁS

Abends ist in Olympia meist gar nichts los – kein Wunder: Die Urlauber sind von den Besichtigungen ermattet. Im Sommer wartet immerhin diese Bar auf Gäste, die bei guten Sounds ihre Cocktails unterm Sternenhimmel genießen möchten. *Neben dem Museum der Geschichte der Olympischen Spiele | tgl. ab 19 Uhr*

THÉATRO FLÓKAS

In einem modernen Freilufttheater im Nachbardorf *Flókas* an der Straße nach Kréstena werden an zwölf Abenden im Juli und August Konzerte und Theateraufführungen veranstaltet. *Tickets 15–25 Euro | Programm und Termine auf olympiagreece.gr*

RUND UM OLYMPIA

1 KATÁKOLO

35 km westlich von Olympia/35 Min. über Pírgos

Große Kreuzfahrtschiffe laufen im Sommer fast täglich den Hafen von Katákolo an. Deren Passagiere unternehmen von hier aus zumeist einen Ausflug nach Olympia. An die Schiffe kommst du hier hautnah heran. Um auch den Reisenden, die in Katákolo bleiben wollen, etwas bieten zu können, hält die Gemeinde zwei von einem sehr engagierten Privatmann konzipierte *Museen (an der Hauptstraße am Bahnhof | geöffnet, wenn Kreuzfahrtschiffe im Hafen liegen | Eintritt je 2 Euro | kotsanas.com)* bereit. Er hat dafür auf der Grundlage antiker Schriften und Vasenmalereien technische Errungenschaften des Altertums rekonstruiert und auch Wecker, Kino und Getränkeautomat als funktionstüchtige Modelle nachgebaut. Das andere Museum ist Nachbauten antiker Musikinstrumente gewidmet. *G3*

2 LOUTRÁ KILLÍNIS

60 km nordwestlich von Olympia/ 1 Std. über Pírgos und Gastoúni

Lust auf ein besonders uriges Badeerlebnis? Gleich neben dem sehr schlichten Kurhaus von Loutrá Killínis liegen in einem Eukalyptuswäldchen die spärlichen Überreste antiker römischer *Thermen*. Da quillt noch immer mineralhaltiger Heilschlamm aus dem Boden. Einheimische reiben sich

damit ein, lassen die dunkle Kruste ein halbes Stündchen lang spazierengehend auf ihre Haut wirken und kratzen sie dann mit einem Zweig unter spärlich sprudelndem Wasser ab. Das ganze Vergnügen kostet keinen Pfennig und ist rund um die Uhr möglich.

Danach bringt ein Bad am langen Sandstrand vor weiten Dünen 300 m weiter die erwünschte Restsauberkeit. Ein ursprünglich gebliebener Urlaubsort ist das 2 km südlich gelegene *Arkoúdi* mit kleinem Sandstrand und vielen kleinen Hotels und Pensionen sowie familiären Tavernen. *G3*

3 KÁSTRO

65 km von Olympia/1 Std. 10 Min. über Loutrá Killínis

Kástro ist ein Ferienort für motorisierte Urlauber, die von hier aus in wenigen Minuten viele gute Sandstrände erreichen und zusätzlich die Atmosphäre eines ursprünglich gebliebenen Dorfs genießen wollen. Überragt wird der sympathische Ort von der *Festung Chlemoútsi (Mi–Mo 8.30–15.30 Uhr | 4 Euro)*, die im 13. Jh. für einen fränkischen Kreuzritter erbaut wurde.

Den Kern der teilweise restaurierten Anlage bildet die sechseckige Zitadelle, deren überwölbte Säle entlang der Außenmauern ein Bild vom ritterlichen Leben vermitteln. Im ebenfalls ummauerten Vorhof der Burg sind Reste einer Moschee zu erkennen. Der Blick von der Festung reicht übers Ionische Meer bis zur Insel Zákinthos. *G2*

4 KAIÁFAS

25 km südlich von Olympia/35 Min. über Kréstena

Jede Menge Schildkröten schwimmen im kleinen See von Kaiáfas und lassen sich gern mit Brot füttern. An die Oberfläche kommen sie aber fast nur bei Sonnenschein, nicht bei trübem Wetter. Aus der Felswand am östlichen Seeufer sprudelt in kleinen Grotten schwefelhaltiges Thermalwasser, das im Sommer auch für Thermalbäder im einfachen *Kurhaus (Mai–Okt. tgl. 8–15 Uhr)* für ein Bad genutzt werden kann. Wenn das geschlossen ist, kann man am nahen Sandstrand auf Höhe des Sees schön im Meer baden. *H4*

5 ANDRÍTSENA

55 km südöstlich von Olympia/ 1¼ Std. über Kallithéa

Das große Bergdorf ist noch ziemlich ursprünglich. In den meist zweigeschossigen Natursteinhäusern wohnen überwiegend ältere Menschen; die Jugend zieht in die Städte. Die Läden entlang der langen Dorfstraße stammen aus Tante Emmas Zeiten; in den Tavernen zeigt man sich über Gäste herzlich erfreut. Besonders schön sitzt du an der *Platía*, wo köstliches Wasser aus einem Rohr im Stamm der alten Dorfplatane fließt. Freitagvormittags findet hier ein Wochenmarkt statt. *J4*

INSIDER-TIPP
Trink Wasser aus dem Baum

6 BASSAI (VASSÄ)

65 km südöstlich von Olympia/ 1½ Std. über Andrítsena

Wie cool ist das denn? War hier in der Bergeinsamkeit Arkadiens in über

Im ursprünglich gebliebenen Bergdorf Andrítsena sprudelt Wasser aus einer Platane

1000 m Höhe der Verpackungskünstler Christo am Werk, der auch den Berliner Reichstag verhüllte? Nein. Hier haben griechische Archäologen den besterhaltenen antiken Tempel außerhalb Athens in weiße Zeltbahnen verpackt, um ihn vor Sonne, Schnee, Regen und Sturm zu schützen. Das sieht extrem futuristisch aus, hat für Besucher aber leider auch Nachteile. Der erst 1756 wiederentdeckte *Apollon-Tempel* darf nicht mehr betreten werden, eine eingehende Betrachtung ist wegen der Enge des Zelts kaum möglich. Eine Befreiung vom Zelt nach erfolgter Restaurierung ist frühestens in 25 Jahren zu erwarten.

Die Fahrt hinauf lohnt vor allem, wenn man um die besondere kunsthistorische Bedeutung des Tempels weiß: Sie liegt in der völlig neuartigen Innenraumgestaltung. Hier in Bassai wurden vom Architekten Iktinos, der auch den berühmten Parthenon-Tempel auf der Athener Akropolis entwarf, zum ersten Mal in der griechischen Baugeschichte korinthische Kapitelle verwendet. Im Innenraum wurde – ebenfalls zum ersten Mal – darauf verzichtet, das Dach durch Säulenstellungen zu stützen. So war die Cella anders als üblich nicht dreischiffig, sondern wirkte als ein lichter Raum. Eine neue Innenraumauffassung zeigte sich auch in den nicht außen, sondern innen angebrachten Friesen mit Reliefdarstellungen. Sie sind heute im Britischen Museum in London zu sehen. *Meist tgl. 8–19 Uhr | 6 Euro | wg. schwankender Öffnungszeiten und evtl. Straßensperrungen im Winter vorher anrufen unter Tel. 26 26 02 22 75 | ⏲ 50 Min. | 🕮 J4*

TRÍPOLI

(🕮 K4) **Die Hauptstadt Arkadiens (25 000 Ew.) ist keine Schönheit**

und daher weitgehend touristenfrei. Darin liegt ihr Reiz. Schön ist allein ihre Lage in 660 m Höhe am Rand der fruchtbaren Arkadischen Hochebene, in der überwiegend Getreide angebaut wird.

In der Ferne sind im Nordwesten die Gipfel des fast 2000 m hohen Ménalongebirges sichtbar; im Nordosten steigt das über 1700 m hohe Artemísiogebirge auf, durch das ein Tunnel führt, der Trípoli über eine verkehrsarme Autobahn mit Korinth verbindet.

Seit vier Generationen bodenständig und gut: Ta Klimatária Piterós

Der Ort wurde erst im 14. Jh. gegründet, war ab 1770 die Hauptstadt des türkisch besetzten Peloponnes und wurde 1827 von den Türken dem Erdboden gleichgemacht. Aus dem 19. Jh. blieben nur wenige klassizistische Häuser erhalten; das Stadtbild ist deshalb überwiegend nichtssagend modern. Angenehm und auffällig ist jedoch die große Zahl von Plätzen in der Stadt; die *Platía Georgíou A'* und die autofreie *Platía Aréos* mit vielen Lokalen sind die bedeutendsten.

SIGHTSEEING

ARCHÄOLOGISCHES MUSEUM

In dem klassizistischen Bau aus dem 19. Jh. sind vor allem die Götterstelen (englisch: *herm*) beachtenswert. Es sind pyramidenförmige Pfeiler, die in Arkadien den Platz der sonst üblichen Götterstatuen einnahmen. Oft standen sie an Wegkreuzungen, um Reisende zu beschützen. *Odós Evangelistrias (Wegweiser von der Odós Georgíou A' aus) | Mo und Mi–Sa 8.30–15.30, So 9–16 Uhr | 2 Euro | ⏲ 10–15 Min.*

ESSEN & TRINKEN

GRAN CHALET

Bevor du bestellst, steht in diesem Restaurant schon eine große Karaffe eisgekühltes Leitungswasser auf dem Tisch. Die Kellner sind Profis alten Schlags, höflich und effizient. Im Sommer sitzt du im Baumschatten, an kühlen Tagen drinnen nahe dem offenen Feuer. Die Portionen sind groß, die Preise dafür recht günstig und das Essen ist so urgriechisch, wie das Publi-

kum es schätzt. Koste einmal das Schweinefleisch mit Staudensellerie oder das Hähnchen mit traditionellen griechischen Nudeln – anderswo sind diese traditionellen Gerichte kaum zu bekommen! *Platía Aréos | tgl. | Tel. 27 10 23 46 61 | €*

TA KLIMATÁRIA PITERÓS

Die schon 1933 gegründete, rund um die Uhr geöffnete Taverne wird jetzt in vierter Generation von den Brüdern Níkos und Vassílis Piterós geführt. Sie lebt überwiegend von einheimischen Gästen, die eine schnörkellose bodenständige Küche zu fairen Preisen zu schätzen wissen. Die griechischen Nudeln sind hausgemacht, exzellent ist u. a. *lagotó,* Schweinebraten in einer dicken Knoblauchsauce. Im Angebot sind auch viele vegetarische Gerichte. *Odós Kalavríton 11 | tgl. | Tel. 27 10 22 20 58 | €€*

SHOPPEN

Souvenirs? Fehlanazeige! Die Läden der Stadt bieten, was die Einheimischen brauchen. Ihre Haupteinkaufsstraßen sind die *Odós Ethnikís Antistaséos* und die *Odós Ermoú.* Sie verbinden die Platía Georgíou B' mit der Platía Aréos.

SPORT & SPASS

EDEN FAMILY PARK

Direkt am Hauptplatz liegt ein winziger Freizeitpark mit allerlei Spielmöglichkeiten und großer Hüpfburg, perfekt schon für Kinder ab zwei Jahren. Beachte die Öffnungszeiten: Die sind für Nachtschwärmerzwerge! *Platía Aréos | tgl. 10–15 und 17.30–23.30 Uhr | 5 Euro/Kind*

AUSGEHEN & FEIERN

TOURISTIKÓ

Romantiker sitzen zur Zeit des Sonnenuntergangs in diesem auch bei einigermaßen gut betuchten Einheimischen beliebten Café am Hauptplatz mit einer der kitschigsten Einrichtungen Griechenlands. Der Blick über den Platz auf das Gerichtsgebäude und die Berge unterm Abendhimmel ist ebenso einmalig. *Platía Aréos | tgl. 9–3 Uhr*

KALLÍSTO LOUNGE

Der Intreff nach Sonnentergang ist dann der Garten dieser Lounge neben dem Gerichtsgebäude. *Platía Aréos | tgl. 9–4.30 Uhr*

RUND UM TRÍPOLI

7 MANTÍNIA

15 km nördlich von Trípoli/20 Min. über Skopí

Griechenlands außergewöhnlichste Kirche wirkt wie ein dreidimensionales Puzzle aus Farben und Stein. Ein griechischer Architekt bastelt seit 1970 an diesem Gotteshaus, das die offizielle Kirche nicht anerkennt. In seinem Werk sind alle Baustile der letzten 4000 Jahre präsent. Ebenso wie die Wandmalereien hat er fast alles in Eigenarbeit geschaffen.

Die *Kirche (Eintritt frei)* steht direkt an der Straße von Trípoli nach Artemísio gegenüber dem Eingang zu den sehr spärlichen Ruinen der antiken Stadt *Mantinea (tgl. 8–15 Uhr | Eintritt frei)*. Erhalten blieben von ihr nur wenige Reste eines um 360 v. Chr. errichteten Theaters und der 4 km langen Stadtmauer, die einst mit 105 Türmen und zehn Toren ausgestattet war. *K3*

8 ORCHOMENÓS

30 km nördlich von Trípoli/40 Min. über Mantínia

Auf einem lang gestreckten Bergrücken über einer von hohen Bergen umfassten, weiten Ebene liegen in unberührter Natur die *Ausgrabungen (Mai–Okt. Mo–Fr 8–15 Uhr | Eintritt frei | 1 Std.)* der antiken Stadt Orchomenós mit spärlichen Überresten der Stadtmauer, eines Theaters, eines Tempels und einer *agorá*. Das eigentliche Erlebnis sind weniger die bescheidenen Zeugnisse des Altertums als vielmehr ihre romantische Lage in einer wirklich arkadischen Landschaft mit Hirten und Herden. Zufahrt vom Bergdorf Levídi, im Weiler Orchomenós vor der Kirche dem roten Pfeil folgend bergan, nach 50 m links auf den Feldweg einbiegen. *K3*

9 DIMITSÁNA ★

60 km westlich von Trípoli/1 Std. 40 Min. mit dem Bus

Hier gibt es viel zu erleben – bleib am besten für zwei Nächte. Schon der Anblick des großen, lebhaften Dorfs auf und an einem lang gestreckten Felsvorsprung über dem tiefen Tal des Flusses Loúsios ist ein Supermotiv. Der Ort selbst ist noch recht ursprünglich. 2 km außerhalb zeigt das einzigartige Freiluftmuseum *Water Power Museum (Mi–Mo 10–17, März–15. Okt. bis 18 Uhr | 4 Euro | piop.gr | 1¼–1½ Std.)* in restaurierten Wassermühlen, Gerbereien, Schwarzpulverfabriken und Destillerien auch anhand von Videos, womit die Talbewohner im 18./19. Jh. zu Wohlstand gelangten und wie die Arbeitsprozesse abliefen. Nochmals 2 km weiter klebt das *Kloster Emialó* an einer Felswand. Die Klosterkirche birgt Fresken aus dem 17. Jh. Absolutes Highlight ist aber eine Wanderung durchs tiefe, sattgrüne ★ *Loúsios-Tal* (s. Erlebnistour 3). Dabei kannst du dir in *Gortína* die Überreste zweier Tempel, einer Säulenanlage und einer Badeanlage anschauen, bevor du dem Fernwanderweg E 4 zum *Kloster Ágios Ioánnis Pródromos* folgst. Acht Mönche leben da in einem sechsgeschossigen Bau aus dem 16. Jh., der sich abenteuerlich in einen waagerechten Felsspalt zwängt. Die hölzernen Galerien zu betreten erfordert schon einiges Gottvertrauen. *J3*

10 VITÍNA

35 km nordwestlich von Trípoli/ 45 Min. über Piána

Das Bergdorf in 1000 m Höhe ist im Sommer und an Winterwochenenden ein beliebtes Ausflugsziel der Griechen. In Tannenwäldern kann man wandern, im Dorf lohnen Laden und Werkstatt des Holzschnitzers Papala-

Den ursprünglichen Peloponnes fernab des Tourismus erlebst du in Dörfern wie Dimitsána

mábras an der Platía einen Besuch sowie die Käse- und Teigwarenhandlung nahe dem Platz an der Straße nach Olympia. Die Taverne *Ta Kókkina Pithária (tgl. | Tel. 27 95 02 25 40 | kokkinapitharia.gr | €€)* an der Hauptstraße 20 m unterhalb der Platía ist die beste im Ort. Lass dich nicht davon abschrecken, dass viele Gerichte laut Speisekarte im „flower pot" serviert werden: Gemeint ist damit ein Tontopf. Auch echte Höhepunkte für Feinschmecker stehen hier auf der Karte: Rehbraten in einer Trockenpflaumensauce, Rote-Bete-Salat mit Joghurt oder Wachteleier mit schwarzen Trüffeln gehören dazu. *J–K3*

INSIDER-TIPP
Genuss für Gourmets

11 LANGÁDIA

55 km nordwestlich von Trípoli/1 Std. 20 Min. über Vitína

Wer hier wohnt, braucht gute Kondition. Die aus Naturstein erbauten Häuser des Dorfs liegen an einem unglaublich steilen Berghang über mehrere Hundert Höhenmeter verstreut. Treffpunkt der 700 Ew. sind die schmalen Aussichtsterrassen an der Hauptstraße, die das Dorf etwa in halber Höhe durchschneidet.

Hier kannst du in der *Taverne Maniátis (tgl. | Tel. 27 95 04 32 21 | maniatis-hotels.gr | €€)* wie ein Bergbauer essen. zu den Spezialitäten zählen Hähnchen mit griechischen Nudeln und im Backofen in einer Olivenöl-Oregano-Sauce gegartes Ziegenfleisch.

INSIDER-TIPP
Sei mal Bäcker!

Übernachtungsgäste können hier an vielen Tagen sogar morgens am Teigkneten und Brotbacken teilnehmen. Eine Riesenauswahl an kulinarischen Naturprodukten aus eigener Herstellung bietet *Kanélla Mouroútsou* in ihrem schönen Geschäft an der Platía, in dessen Untergeschoss vormittags Nudeln produziert werden. J3

12 TEGÉA

10 km südöstlich von Trípoli/20 Min. über die EO 39

Tegéa war in der Antike die bedeutendste Stadt Arkadiens. Mitten im heutigen Dorf wurden die eindrucksvollen Überreste des *Athena-Tempels* aus dem 4. Jh. v. Chr. ausgegraben, des zweitgrößten Tempels auf dem Peloponnes überhaupt. Er war als einziger Tempel des Peloponnes zudem ganz aus weißem Marmor erbaut. 150 m vom Tempel entfernt steht das kleine, hochmoderne *Archäologische Museum (Mi–Mo 8.30–15.30 Uhr | 4 Euro | 20–40 Min.)*. Da wird dir mittels neuer Medien eindrucksvoll gezeigt, wie der Tempel entstand. Faszinierend ist auch die Formenvielfalt der effektvoll beleuchteten arkadischen Stelen, die in der Antike an Wegkreuzungen standen. Eine von ihnen erinnert stark an Toblerone-Schokolade.

INSIDER-TIPP
Finde die antike Schokolade!

2 km von Tegéa sind in einem schattigen Park am Rand des Dorfs *Episkopí Tegéas* weitere Überreste der alten Stadt Tegéa zu sehen: die Ruinen eines hellenistischen Theaters aus dem 2. Jh. v. Chr., einer Säulenhalle, einer frühchristlichen Basilika und einer mittelalterlichen Siedlung aus dem 7.–13. Jh. Die moderne Kirche im Park

Schwindelfreiheit und Gottvertrauen: Im Kloster Elónis braucht man beides wurde 1936–39 vollständig ausgemalt. Vor dem Park findet Mitte August eine große Landwirtschaftsmesse statt, die Volksfestcharakter hat. K4

13 PARÁLIO ÁSTROS

45 km östlich von Trípoli/1 Std. über Káto Doliana

Badepause gefällig? Der Grobsand-Kies-Strand dieses fast nur von Griechen frequentierten Badeorts ist zwar schmal und schattenlos, aber kilometerlang. Unterhalb der kleinen, erst 1825 erbauten Burg sitzt man auch abends geruhsam auf der kleinen Platía am Meer. Zwischen Herbst und Frühjahr lohnen für Hobbyornithologen Spaziergänge durch das Biotop im Mündungsbereich des Flusses Moustós 2 km südlich. L4

14 LEONÍDIO

90 km südöstlich von Trípoli/1¾ Std. über Káto Doliana

Was für eine Lage! Leonídio (3200 Ew.) duckt sich unter senkrecht abfallende, rote Felswände am Ausgang der Dafnóschlucht, die sich hier zu einer kleinen Küstenebene mit vielen Olivenbäumen weitet. Die Felswände sind Ziel vieler Kletterer, über 1000 Routen sind hier für sie erschlossen *(climbin leonidio.com)*. Die Natursteinhäuser des Städtchens wirken wohlhabend und gepflegt. An der Dorfstraße mit kleinen Läden heißt ein Schild Gäste willkommen, das selbst griechische Urlauber nicht lesen können: Es ist in einem 3000 Jahre alten Dialekt beschriftet, dem Tsakonischen, das nur noch von älteren Leuten in der Umgebung von Leonídio gesprochen wird. Gut baden kannst du im Vorort *Pláka*, gut essen direkt am Meer in der *Taverne Myrtoon (tgl. | Tel. 27 57 05 13 39 | €€)* im Vorort *Poúlithra*. L5

15 KLOSTER ELÓNIS ★

105 km südöstlich von Trípoli/2 Std. 10 Min. über Leonídio

Wie crazy ist das denn? Fährst du von Leonídio durch die rote Schlucht des Flusses Dafnó ins Párnongebirge hinauf, erblickst du nach einigen Kilometern plötzlich wie ein Trugbild das blendend weiße Kloster viele Hundert Meter höher an der Steilwand eines Felsens. Kein Weg scheint hinaufzuführen – und doch bist du ein paar Kilometer weiter auf dem Parkplatz unmittelbar vor dem Kloster. Ein Fußweg führt von hier unter bedrohlich scheinenden Felsüberhängen hindurch auf die kleine Terrasse, auf der sich Kirche und Kloster an und unter den Fels zwängen. Ist die Kirche verschlossen, läutest du die Glocke und sofort kommt eine Nonne herbei, um die Tür zu öffnen.

Unter der Kirchendecke hängen zahllose Öllampen dicht an dicht, gestiftet von Gläubigen, denen ein Gebet im Kloster geholfen hat. Andere stifteten den Ikonen ein wertvolles Oklad, einen Überzug aus edlen Metallen, auf dem getrieben und ziseliert genau das dargestellt ist, was zuvor auf der Ikone gemalt zu sehen war. Besonders schön ist die Ikone Mariä als Leben spendender Quell mit großartigen Darstellungen der Kranken und Lahmen, die diesen Brunnen vor einem Kloster in Konstantinopel aufzusuchen pflegten, um geheilt zu werden. *20–30 Min.* | L5

MESSENIEN & LAKONIEN

VIELE STRÄNDE, KRASSE DÖRFER

Wahre Urlaubsparadiese sind die kilometerlangen Sandstrände um Gíthio, Kalamáta, Koróni, Finikoúnda und Giálova. Nur die Halbinsel Máni, die sich – halb zu Messenien, halb zu Lakonien gehörend – weit in die Ägäis vorstreckt, ist ausgesprochen strandarm.

Mit ihrer extrem kargen Landschaft und ihren mittelalterlich anmutenden Wehrdörfern scheint sie wie aus dieser Welt gefallen. An die kriegerischen Zeiten erinnern zahllose Burgen. Das wegen seiner

Feiner Sand und hohe Dünen: Die Voidokiliábucht ist ein kilometerlanger Strandtraum

einst grausamen Härte berüchtigte Sparta war in der Antike das Machtzentrum dieser Region, von Mistrás aus wurde im Mittelalter der ganze Peloponnes regiert. In den Küstenorten wachten die Venezianer über den Handel – die Geschichte ist in Messenien und Lakonien allgegenwärtig. Natur pur gibt es auch viel zu erleben: In der vogelreichen Lagune bei Giálova, wo noch Chamäleons leben, bei Wanderungen zu Wasserfällen oder bei Bootsfahrten zu Inselchen, bei denen man manchmal sogar Delphine sieht.

MESSENIEN & LAKONIEN

MARCO POLO HIGHLIGHTS

★ **ARCHÉA MESSÍNI**
Mit die jüngsten und größten Ausgrabungen Griechenlands; das antike Messíni anschaulich restauriert ➤ S. 101

★ **KORÓNI**
Fischerstädtchen mit Kloster, Burg und tollen Stränden ➤ S. 101

★ **MISTRÁS**
Kirchen, Klöster, Paläste und Mauern einer mittelalterlichen Stadt vor alpiner Hochgebirgskulisse ➤ S. 109

★ **AREÓPOLI**
Ein Städtchen wie aus einer anderen Welt, diese „Stadt des Kriegsgotts Ares" ➤ S. 110

★ **VÁTHIA**
Wehrtürme stehen wie Burgen in karger Landschaft hoch überm Meer ➤ S. 113

★ **PÍRGOS DIROÚ**
Die bizarre Tropfsteinhöhle wird mit dem Boot auf einem unterirdischen Fluss erkundet ➤ S. 112

★ **MONEMVASSÍA**
Die Lage unter und auf einem Felsklotz im Meer macht das Städtchen unvergleichlich ➤ S. 115

★ **ELAFÓNISSOS**
Kleine Insel mit Fischerdorf und grandioser Dünenlandschaft am Símos Beach ➤ S. 117

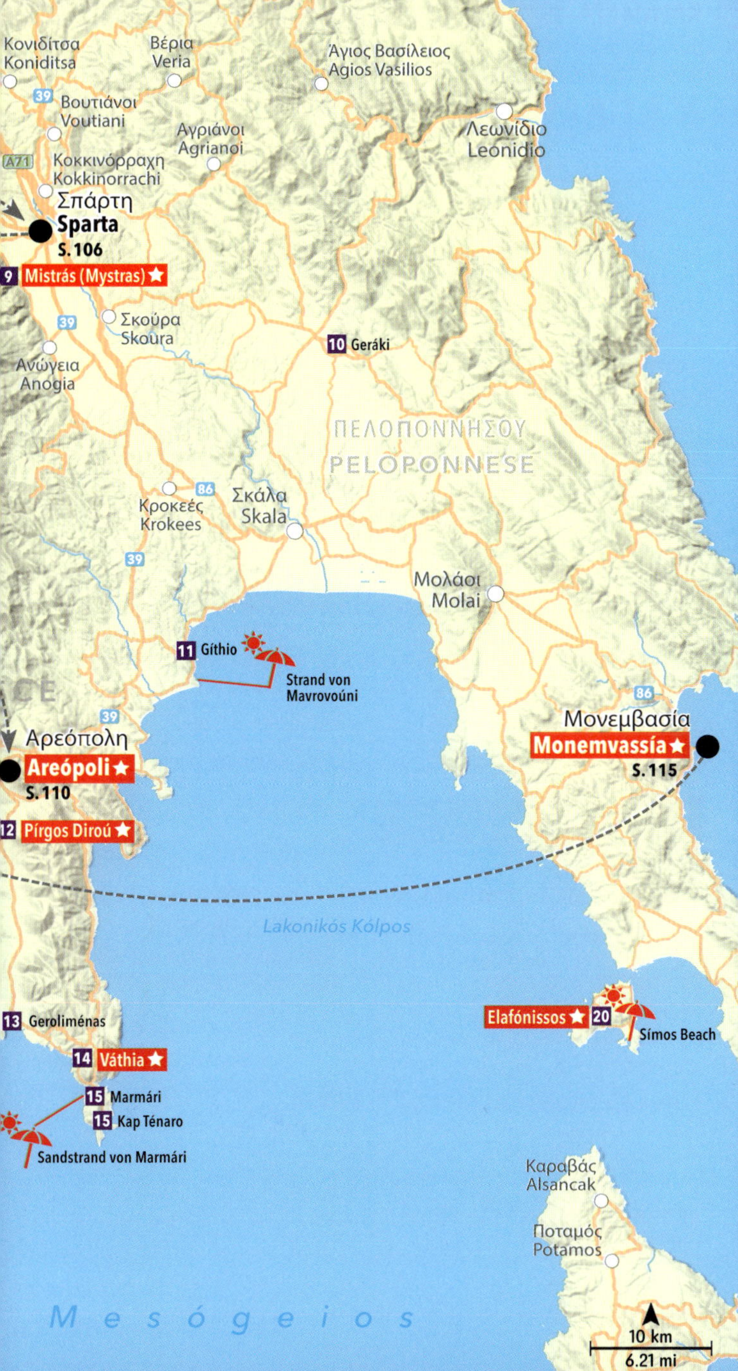
Κονιδίτσα
Koniditsa
Βέρια
Veria
Άγιος Βασίλειος
Agios Vasilios
39
Βουτιάνοι
Voutiani
Αγριάνοι
Agrianoi
Λεωνίδιο
Leonidio
A71
Κοκκινόρραχη
Kokkinorrachi
Σπάρτη
Sparta
S. 106
9 Mistrás (Mystras)
39
Σκούρα
Skoura
10 Geráki
Ανώγεια
Anogia
ΠΕΛΟΠΟΝΝΗΣΟΥ
PELOPONNESE
86
Κροκεές
Krokees
Σκάλα
Skala
39
Μολάοι
Molai
11 Gíthio
Strand von Mavrovoúni
86
39
Αρεόπολη
Areópoli
S. 110
Μονεμβασία
Monemvassía
S. 115
12 Pírgos Diroú
Lakonikós Kólpos
13 Geroliménas
Elafónissos
20
Símos Beach
14 Váthia
15 Marmári
15 Kap Ténaro
Sandstrand von Marmári
Καραβάς
Alsancak
Ποταμός
Potamos
Mesógeios
10 km
6.21 mi

KALAMÁTA

(📖 J5) **Die Hauptstadt Messeniens (49 000 Ew.) wurde 1986 von einem schweren Erdbeben verwüstet – ein Viertel aller Häuser wurde zerstört, die gewachsene Altstadt vernichtet. Darum wirkt Kalamáta für griechische Verhältnisse heute außergewöhnlich modern.**

Eine breite, teilweise platzartige Flaniermeile zieht sich von der Ruine einer mittelalterlichen Burg über 2 km weit bis ans Meer hinunter, ehemalige Gleisanlagen wurden zum Park. Die Uferfront ist über 3 km lang, wird zum Teil von einem guten Strand, zum Teil von Hafenanlagen und einer Marina gesäumt. Touristen gibt es nur wenige, dafür pulsiert vor allem im Sommer das einheimische Leben. Da kommt schnell ein Urlaubsgefühl auf.

SIGHTSEEING

ALTSTADT

Einen kleinen Eindruck von der Schönheit der einstigen Altstadt bekommst du noch rund um die byzantinische Kirche *Agíi Apóstoli* und die ehemalige Markthalle, die heute das Archäologische Museum beherbergt. Auf dem höchsten Punkt liegen die Ruinen der mittelalterlichen *Burg (Mi–Mo 8–20, Winter 8.30–15.30 Uhr | 3 Euro | ⏲ 15–30 Min.).*

ARCHÄOLOGISCHES MUSEUM

Lidl & Co. haben auch in Kalamáta viele kleine Geschäfte das Leben gekostet. Eine neue Funktion erhielt die alte Markthalle der Stadt: Als modern konzipiertes Museum zeigt sie effektvoll beleuchtet antike Funde aus ganz Messenien. *Odós Benáki/Odós Papazóglou | Mi–Mo 8–20, Di 12.30–20 Uhr | 4 Euro | ⏲ 20–30 Min.*

EISENBAHNMUSEUM

Eisenbahnfan? Im unteren Teil des Stadtparks zeigt Griechenlands einziges Eisenbahn-Museum sieben Dampf- und eine Diesellok sowie 16 Waggons. Der älteste stammt von 1885. *Park frei zugänglich, Innenbesichtigung tgl. 8.30–15 Uhr*

ESSEN & TRINKEN

ATHANASSÍOU

INSIDER-TIPP
Gut fürs Hüftpolster

Die Süßmäulchen der Stadt treffen sich am Hauptplatz in der größten Konditorei der Stadt. Da gibt es eine Riesenauswahl an Kuchen, orientalischem Gebäck, hausgemachtem Eis und leckeren Snacks. Zum Frühstück, aber auch noch kurz vor Mitternacht isst man die frisch ausgebackenen Hefeteigbällchen *loukoumádes,* die mit flüssigem Honig und Sesam serviert werden. *Kentrikí Platía/Odós Sidiroú Stathmoú | tgl. | €*

AVRA

Komisch, aber Fisch schmeckt doch immer am besten, wenn man ihn dort isst, wo er noch vor Kurzem schwamm – am Meer. So auch hier, wo man zum Strand nur über die Uferstraße gehen muss. *Odós Navarínou 204 | tgl. | Tel. 27 21 02 77 09 | €€€*

Herrlich nostalgisch: eine der sieben Dampfloks im Eisenbahnmuseum von Kalamáta

CHOULIÁRA

Stadtbesucher gehen mittags gern in diese schlichte Markttaverne mit großer Auswahl gekochter Gerichte im Schautresen. *Odós Neolóndos 61/Platía 23is Martíou | abends und So geschl. | Tel. 27 21 02 73 90 | €*

UMAMI SUSHI & MORE

Genug vom griechischen Essen? Der beste Japaner des Peloponnes bietet Alternativen – vom Süppchen bis hin zu echt japanischem Eis. *Odós Dagré 6 | So-Mittag geschl. | Tel. 27 21 40 26 35 | €€*

SHOPPEN

BAUERNMARKT

Kalamata-Oliven gelten als die besten ganz Griechenlands, ebenso das daraus gepresste Öl. Auf dem Wochenmarkt kaufst du direkt beim Erzeuger. *Odós Spártis (gegenüber Busbahnhof auf dem anderer Flussufer) | Mi und Sa von Sonnenauf- bis -untergang*

SPORT & SPASS

CLIMBING & TREKKING

Bist du fit genug, den höchsten Berg des Peloponnes zu besteigen? *Climb Up (Odós Mezónos | Tel. 69 73 34 22 82 | climbup.gr)* holt dich an deiner Unterkunft in der Region Kalamáta ab und bringt dich auf 1550 m hinauf bis zum Startpunkt der Trekkingtour *(130 Euro)* auf den 2407 m hohen *Taýgetos.* Sechs bis sieben Stunden bist du zu Fuß unterwegs, zwölf Stunden insgesamt. Auch kürzere, weniger fordernde Touren rund um Kalamáta und in der Máni werden angeboten, außerdem Programme für Kletterer.

PARAGLDING

Nur zwei Sekunden musst du rennen, um aus 940 m Höhe abzuheben und

In den Hang gebaut und mit Naturkulisse: das Freilichttheater im antiken Messíni

mit Pétros oder Athanásios über der Messenischen Bucht und Kalamáta zu schweben. Gelandet wird am Strand des Filoxénia Hotels am östlichen Stadtrand, von dem aus auch der Transfer zu deinem Flugabenteuer startet. Vorkenntnisse brauchst du nicht, nur Mut. Und du musst zwischen 35 und 105 kg wiegen und spätestens 24 Stunden vorher buchen. *Paragliding Kalamáta | 80 Euro inkl. Transfer | Tel. 69 47 60 23 39 | paraglidingkalamata.gr*

SEEKAJAK

Lust auf eine Paddeltour? Vom Hafen Kalamátas aus starten vierstündige geführte Törns entlang der Ufer des Messenischen Golfs. *Explore Messinia | Odós G. Bouloúkou 26 | 70 Euro | Tel. 69 71 89 76 40 | exploremessinia.com*

STRÄNDE

Gebadet wird am kilometerlangen Kiesstrand zwischen Handelshafen und östlichem Stadtrand. Stadtbuslinie 1 bringt dich hin.

WELLNESS

ELEKTRA SPA

Schön zentral am alten Hafen, darum gut für zwischendurch ist dieses kleine Hotelspa mit Sauna, Hamam, Massage- und Beautyangeboten. *Odós Psarón/Odós Bouboulínas | Tel. 27 21 09 91 06 | elektrahotelspa.gr*

AUSGEHEN & FEIERN

LUNA LOUNGE

Hier landet, wer einen eher ruhigen Abend bei guten Gesprächen und guter Musik in einem kleinen Bistro sucht. Schon tagsüber trifft sich hier die Szene, abends sorgen oft DJs für ein Musikprogramm mit Niveau. *Odós Aristoménous 23/Odós Ethnikís Trápezas | lunalounge.gr*

KYTTÁRO ROCK BAR

Eine größere Auswahl an griechischen Craftbieren und Whiskys aus aller Welt findest du vermutlich auf dem ganzen Peloponnes nicht. Auch über 50 Cocktails stehen auf der Karte des mindestens bis 3 Uhr geöffneten Szenelokals. *Odós Amfías 12 | kyttarorock bar.gr*

RUND UM KALAMÁTA

1 ARCHÉA MESSÍNI & MAVROMÁTI ★

30 km nordwestlich von Kalamáta/ 45 Min. über Messíni

Das antike *Messene* ist ein Ganztagserlebnis. Seine 9 km lange, über weite Strecken bestens erhaltene Stadtmauer zieht sich mit Zinnen und Türmchen an den Hängen und über die Hügelkuppen rund ums heutige Dorf Mavromáti. Ambitionierte Wanderer können ihr auf großen Teilen folgen. Auch mit dem Auto kommst du zum besterhaltenen Stadttor der Antike, dem *Arkadischen Tor*. Es ist über 7 m hoch. Von einem anderen Tor, dem *Lakonischen Tor*, kannst du 2 km weit entlang der Stadtmauer auf den Berg *Ithómi* wandern und von der *Klosterruine* auf dem Gipfel aus weit über den Messenischen Golf blicken. All diese Vergnügen sind kostenlos und jederzeit realisierbar.

Eintritt wird nur für das weitläufige *Ausgrabungsgelände (Mai–Aug. tgl. 8–20, 1.–15. Sept. 8–19.30, April und 16.–30. Sept. 8–19, 1.–15. Okt. 8–18.30, 16.–31. Okt. 8–18, Nov. 8–17, Dez.–März 8.30–15.30 Uhr | 12 Euro, Winter 6 Euro)* zu Füßen von Mavromáti erhoben. Hier lag das Zentrum der im späten 4. Jh. v. Chr. gegründeten Hauptstadt Messeniens. Archäologen legen es erst seit 1987 frei und rekonstruieren erfreulicherweise auch viele der Bauten. Besonders eindrucksvoll ist dadurch das bombastische *Stadion* mit seinen 18 steinernen Sitzreihen und bis zu 110 m langen Säulenhallen.

Bemerkenswert ist auch der antike Marktplatz, die *agorá*. Sie war einst von vier Säulenhallen umgeben, in ihrer Mitte stand ein *Tempel* für Göttervater Zeus. Daran schloss sich das *Asklípion* an, ein ebenfalls von Säulenhallen umstandener Hof mit einem Tempel für den Heilgott Äskulap und einem zweiten, kleineren *Theater* an seiner Ostseite. *J5*

2 KORÓNI ★

51 km südlich von Kalamáta/1¼ Std. Bus

Koróni ist Romantik pur. An der kurzen Uferstraße drängen sich die Fischtavernen direkt am Wasser. Viele Häuser im Dorf stammen aus dem 19. und frühen 20. Jh. An der schmalen Gasse vom Ufer hinauf zur *Burg* auf felsigem Kap hängen noch Fischer ihre Netze zum Trocknen auf, laufen Katzen und Hühner zwischen vielen bunten Blumen herum. Innerhalb der Burg stehen noch einige Wohnhäuser und das Nonnenkloster *Timíou Prodrómou*, in dessen Garten schon ab Februar Geranien blühen. Auf einem Teil der Ruinen einer Basilika haben die Türken eine kleine *Moschee* erbaut, zwischen den Burgmauern ruhen die Toten der Stadt.

Von der Burg aus blickst du weit in die von Zypressen und Olivenbäumen bestandene Hügellandschaft und hinunter auf den langen rötlich gelb schimmernden Sandstrand *Zága Beach*, den du vom Hafen aus in zehn Minuten zu Fuß erreichst. Da betreiben auch Uli und Birgit ihr *Bike-Department (Tel. 69 45 18 25 18 | bike-department-koroni.com)*, verleihen Mountain- und E-Bikes und bieten auch geführte Touren von zwei bis sechs Stunden Dauer an. Besonders gut essen kannst du in der *Taverne Kangelários (tgl. | Tel. 27 25 02 26 48 | kaggelarios-koroni.com | €€)* am burgnahen Ende der Hafenpromenade. Vielleicht bist du ja neugierig und bestellst mal gebratenen Rochenflügel *(saláchi)?* *J6*

3 FINIKOÚNDA

60 km südwestlich von Kalamáta/ 1¼ Std. über Petalídi

Der kleine Badeort zwischen Weinbergen, Gemüsefeldern und Sandstränden ist *der* Hotspot für Windsurfer auf dem Peloponnes. Um zu den verschiedenen Stränden der Umgebung zu gelangen, kannst du bei *Finibikes (2 km außerhalb an der Straße Richtung Pílos | Tel. 69 41 54 56 72 | finibikes.com)* ein Tourenrad oder Mountainbike mieten. Nach einem Tag am Strand warten an der kurzen Uferpromenade gute Tavernen auf dich, in denen du teilweise direkt auf dem Strand sitzt. Einen besonders schönen Blick über Hafen und Ort hast du von der leicht erhöht überm Ufer gelegenen *Taverne Élena (tgl. | Tel. 27 23 07 12 35 | €€)*, wo in der Vor- und Nachsaison freitagabends griechische Livemusik erklingt. Eine Spezialität sind hier mit Minze und Knoblauch gefüllte gegrillte Sardinen und auch das vegetarische *briám* wird weithin gerühmt. *J6*

INSIDER-TIPP
Fisch mal ganz anders

4 METHÓNI

68 km südwestlich von Kalamáta/ 1¼ Std. über Finikoúnda

Bade wie ein Ritter! In Methóni (1200 Ew.) kannst du unmittelbar unterhalb der mächtigen Mauern einer venezianischen *Burg (Mai–Okt. Mi–Mo 8–20, Nov.–April 8.30–15.30 Uhr | 3 Euro)* baden. Sie nimmt eine ganze Halbinsel ein und war den Venezianern ein wichtiger Stützpunkt für ihre Kriegs- und Handelsflotte. Während des griechischen Freiheitskampfs unterhielten die Türken hier einen großen Sklavenmarkt für griechische Gefangene.

Im Garten der *Taverne Klimatária (tgl. | Tel. 27 23 03 15 44 | €)* unmittelbar vor der Burg sitzt und isst du gut. Der Wirt gestattet hier auch noch ausdrücklich einen Gang in die Küche und einen Blick in Töpfe und Kasserolen, wie es früher überall üblich war. Vom winzigen *Hafen* aus starten in der Hochsai-

Filigrane Fummelarbeit: Fischer beim Netzeflicken im Hafen von Koróni

son fast täglich Bootsausflüge zur vorgelagerten Insel *Sapienza* mit gutem Sandstrand. *H6*

5 PÍLOS

50 km westlich von Kalamáta/1 Std. 20 Min. mit dem Bus

Außerhalb Griechenlands ist die landschaftlich besonders schön gelegene Kleinstadt (2100 Ew.) unter ihrem mittelalterlichen Namen *Navaríno* bekannter: Hier versenkte 1827 eine Flotte von englischen, französischen und russischen Schiffen in vier Stunden heftigsten Kampfes 55 von 82 Schiffen der türkischen Kriegsflotte.

Pílos liegt am Südende einer großen Bucht, die durch die heute unbewohnte Insel *Sfaktería* vom offenen Meer abgegrenzt wird. Auf der Insel erinnern zahlreiche Denkmäler an die Sieger und die Toten der Schlacht. Vom Hafen aus startet jeden Morgen um 11 Uhr eine zweistündige Bootsfahrt zu den Denkmälern. Hier kannst du auch ohne Bootsführerschein Motorboote mieten, um in der Bucht zu kreuzen und verschiedene Strände anzusteuern (*Rundfahrt 15 Euro, Bootsmiete 70–90 Euro/Tag | pyloscruises.gr).* Auch geführte vierstündige Kajaktouren durch die Bucht werden angeboten. Sie starten je nach Windrichtung im Hafen von Pílos oder in Giálova *(Tel. 69 71 89 76 40 | exploremessinia.com).*

In Pílos selbst lohnt die Besichtigung der *Burg (Mai–Okt. Mi–Mo 8–20, Nov.–April 8.30–15.30 Uhr | 6 Euro),* in der Archäologen die Grundmauern zahlreicher historischer Bauten freilegen. Das *Archäologische Museum* in der Burg hat Unterwasserarchäologie als Schwerpunkt und zeigt, was tauchende Altertumsforscher auf dem Meeresgrund fanden. Zum abendlichen Chillen gehst du am besten auf die zentrale *Platía,* die noch ein echt griechischer Dorfplatz voll einheimischen Lebens ist. 🕮 *H5*

6 VOIDOKILIÁBUCHT

55 km westlich von Kalamáta/1¼ Std. über Kazárma

Wie ein Stück Sahara am Meer liegt die „Rinderbauchbucht" am nördlichen Ende der Bucht von Navaríno. Kilometerlang erstreckt sich feiner Sand vor hohen Dünen. Faszinierend anzusehen ist bei Wind die Brandung am schmalen Durchlass zum offenen Meer. Am Burgberg links von diesem Durchlass ist eine Grotte zu erkennen, die *Höhle des Nestor* genannt wird; von hier aus führt ein steiler Pfad hinauf zu einer über antiken Mauern in fränkischer Zeit erbauten, stark einsturzgefährdeten *Burg*. 🕮 *H5*

7 COSTA NAVARINO

55 km westlich von Kalamáta/1 Std. 10 Min. über Kazárma

Ei, was ist denn das? Nur wenig nördlich von der Voidokiliábucht und dem Dorf Petrochóri beginnt das weitläufige Gelände des *Costa Navarino Resorts (costanavarino.com)*, der bedeutendsten touristischen Neuentwicklung auf dem Peloponnes in diesem Jahrhundert. Zum Resort gehören zwei 18-Loch-Golfplätze, entworfen von Bernhard Langer und Robert Trent

Von der Höhle des Nestor blickt man in die „Rinderbauchbucht"

Jones jr. Für diese Golfplätze und Hotelbauten mussten über 6500 alte Olivenbäume umgepflanzt werden, bei Neuanpflanzungen wurde bewusst auf exotische Arten verzichtet. Weitläufige Parkanlagen mit phantasievoll gestalteten Pools sowie insgesamt 19 Cafés, Bars, Pubs und Restaurants warten auf Gäste. Das gesamte Großprojekt hat wegen seiner einschneidenden Landschaftsveränderungen zwar viel Kritik erfahren. Andere heben jedoch hervor, dass es 1200 Arbeitsplätze schuf und zahlreiche neue internationale Flugverbindungen in die Region nach sich zog, die auch den Einheimischen und kleinen Hotels zugutekommen. Am umfangreichen Radtouren- und Wanderprogramm kannst du auch teilnehmen, wenn du nicht im Resort wohnst. Dafür musst du jedoch spätestens am Vortag Kontakt mit *Navarino Outdoors (Tel. 2723090300 | outdooors@navarinooutdoors.gr)* aufnehmen, damit du eine Zutrittsgenehmigung zum Resort erhältst. Allein für Mountainbiker stehen elf verschiedene Touren zur Auswahl, Wanderungen werden in der näheren Umgebung, aber auch in ganz Messenien angeboten. Außerdem kannst du hier Touren- und Rennräder sowie E-Mountainbikes mieten. *H5*

INSIDER-TIPP
Rauf aufs Bike!

8 NESTOR-PALAST & CHÓRA

55 km westlich von Kalamáta/1 Std. über Kazárma

Die Grundmauern des über 3200 Jahre alten mykenischen *Nestor-Palasts (Mai–Aug. tgl. 8–20, 1.–15. Sept. 8–19.30, April und 16.–30. Sept. 8–19, 1.–15. Okt. 8–18.30, 16.–31. Okt. 8–18, Nov. Mi–Mo 8–17, Dez.–März 8.30–15.30 Uhr | 6 Euro | 30–40 Min.)* haben Archäologen an der Straße von Giálova nach Chóra freigelegt. Erheblich anschaulicher als in Mykene kann man hier erkennen, wie Fürstenpaläste in mykenischer Zeit gestaltet waren. Hier hat wahrscheinlich auch Nestor residiert, jener sagenhafte weise König, der nach Homer noch in hohem Alter mit der ungewöhnlich großen Zahl von 90 Schiffen am Trojanischen Krieg teilnahm. Deutlich zu erkennen sind die einzelnen Räume, die auch durch griechisch und englisch beschriftete Tafeln gekennzeichnet sind. Du siehst u. a. den Thronsaal und die Lagerräume mit in den Boden eingelassenen Vorratsgefäßen, eine Badewanne, den Raum der Königin, die Ansätze von Treppen ins Obergeschoss und Bänke an den Wänden eines Empfangssaals.

4 km weiter bergan sind im ansonsten belanglosen Dorf *Chóra* im *Archäologischen Museum (zzt. wg. Renovierung geschl.)* sehenswerte Fundobjekte aus der Palastregion ausgestellt. Im ersten Saal sind Goldfunde aus nahen mykenischen Gräbern und zwei übermannshohe, *pithoi* genannte Vorratsgefäße bemerkenswert, die als Sarkophage dienten. Im zweiten Saal sind Freskenreste aus dem Nestor-Palast zu sehen und in einer Vitrine in der Saalmitte zahlreiche Tontafeln mit der mykenischen Linear-B-Schrift, die 1952 als frühes Griechisch identifiziert werden konnte. Im dritten Saal werden

Gegenstände aus dem mykenischen Alltag präsentiert, darunter ein sehr praktisch wirkender Grill für Fleischspieße. *H5*

SPARTA

(K5) **Sparta war einmal der pure Horror. Die heute Spárti genannte Hauptstadt Lakoniens war in der Antike der Gegenspieler Athens.**

Während sich in Athen eine lebensfrohe Demokratie entwickelte, die große Philosophen und Dichter hervorbrachte, blieb Sparta bis zum Ende seiner Selbstständigkeit im 2. Jh. v. Chr. ein von wenigen Adelsgeschlechtern regierter Militärstaat. Hier gehörte Blutsuppe zu den Standardgerichten, wurden missgebildete Neugeborene und unerwünschte Mädchen in Schluchten gestürzt, verbrachten die jungen Männer ihr Leben in Kasernen bei knabenliebenden Lehrern. Spartanische Lebens- und lakonische Ausdrucksweise sind bis heute sprichwörtlich.

Von diesem berühmt-berüchtigten Sparta blieben nur wenige Ruinen erhalten. Im Mittelalter wurde Sparta ganz aufgegeben und seine Bewohner siedelten im 13. Jh. aus der Ebene auf den Felsen von Mistrás um. Erst 1834 wurde Sparta an alter Stelle erneut gegründet. Die Stadt (15 000 Ew.) mit ihrem nahezu rechtwinkligen Straßennetz ist für sich genommen wenig reizvoll – aber der Blick auf sie von den Ausgrabungen in Mistrás aus ist großartig: Sparta ist in ein grünes Tal aus

Öl- und Orangenbäumen gebettet. Im Hintergrund ragt der Burgberg von Mistrás vor dem Taigéttosgebirge auf, dessen Gipfel in den meisten Jahren noch bis in den Mai hinein schneebedeckt sind. Und Blutsuppe steht auf keiner Speisekarte mehr.

SIGHTSEEING

AKRÓPOLIS

Am schönsten ist Sparta auf dem Akrópolis-Hügel. Antike Steine und Säulen liegen verstreut unter hoch gewachsenen Eukalyptus- und knorrigen Olivenbäumen. Du siehst die Überreste der spätrömisch-byzantinischen Stadtmauer, einer frühchristlichen Basilika und eines römischen Theaters. Der kurze Weg auf die frei zugängliche Akrópolis beginnt an der Nordwestecke des modernen Stadions, vor dem ein fotogenes Monumentaldenkmal für Leónidas steht, den berühmtesten aller Spartaner. Er führte 480 v. Chr. die 300 Spartaner in den Heldentod, die sich an den mittelgriechischen Thermopylen dem Riesenheer der Perser auf dessen Weg gen Athen entgegenstellten und damit den Athenern Zeit verschafften, sich auf die anschließende Schlacht von Marathon vorzubereiten, die die Athener dann auch gewannen. *Mi–Mo 8.30–15.30 Uhr | Eintritt frei | 30–45 Min.*

RATHAUSPLATZ (KENTRIKÍ PLATÍA)

Auf der großen Platía rund um das schöne, 1906 erbaute klassizistische Bauwerk trifft sich am frühen Abend die halbe Stadt. Mehr Abendunterhaltung gibt es im Städtchen kaum – setz dich am besten dazu.

ARCHÄOLOGISCHES MUSEUM

Der klassizistische Bau liegt in einem schönen Park unmittelbar im Zentrum beim Hotel Maniátis. Wertvollste Exponate sind zwölf römische Mosaike, archaische Stelen und das antike Tonmodell einer Kriegsgaleere mit Rammsporn. *Odós Evrótas | Mi–Mo 9–16 Uhr | 2 Euro | 20–30 Min.*

OLIVEN- UND OLIVENÖLMUSEUM

In der modern konzipierten Ausstellung im ehemaligen Elektrizitätswerk der Stadt erfährst du viel über Olivenanbau und -verarbeitung (Erklärungen auch auf Englisch). Kleiner Museumsladen. *Odós Othónos-Amalías 129 | Mi–Mo 10–17, März–Mitte Okt. bis 18 Uhr | 4 Euro | piop.gr | 20–30 Min.*

ESSEN & TRINKEN

KÁPARI

Optisch sehr kreativ werden in dieser modernen Taverne am Hauptplatz der Stadt griechische Klassiker verfeinert. Da lohnt es sich auch, die griechische Variante von Fish & Chips zu bestellen. *Odós Gortsológou 77 | tgl. | Tel. 27 31 30 05 20 | kaparirestaurant.gr | €€*

ELYSSÉ

Die etwas – ja, tatsächlich: spartanisch – eingerichtete, familiär geführte Taverne serviert mittags gute griechische Hausmannskost zu sehr vernünftigen Preisen. Vorsicht: Abends wird lauwarm gegessen, was vom Mittags-

angebot übrig blieb. *Odós K. Paleológou 113 | tgl. | Tel. 27 31 02 98 96 | €*

TO 50

Die etwas versteckt, aber sehr zentral gelegene Gartentaverne bietet Gelegenheit zu einer kulinarischen Abenteuerreise, die keineswegs spartanisch karg ist. Auch viele sonst selten angebotene Spezialitäten stehen auf der umfangreichen Karte. Hierher kommen Einheimische gern, wenn sie mit möglichst vielen Freunden ausgehen. Das schafft eine sehr authentische Atmosphäre. *Odós Evangelístrias 50 | tgl. | Tel. 27 31 08 35 85 | €*

AUSGEHEN & FEIERN

ANTIQUE

Ein Lichtblick im Nightlife-Angebot des Städtchens ist diese kleine Cocktailbar, wo die Bartender bis 4 Uhr morgens ambitioniert rütteln, schütteln und rühren. *Odós Evangelístrias 51/Odós Paleológou*

SAINOPOÚLIO

Im Freilichttheater einer privaten Stiftung 5 km außerhalb der Stadt finden an einigen Sommerabenden Theateraufführungen und Konzerte statt. *Tickets im Stadtbüro Odós K. Paleológou 86 | Tel. 27 31 08 24 70 | sainopouleio.gr*

RUND UM SPARTA

9 MISTRÁS (MYSTRAS) ★

5 km westlich von Sparta/15 Min. mit dem Bus

Zieh die Wanderschuhe an, wenn du nach Mistrás fährst! Die byzantinische Metropole des Peloponnes liegt am Hang eines steilen Bergs am Rand der Ebene von Sparta. Auf seinem Gipfel hatten fränkische Kreuzritter 1249 eine Burg angelegt, die die Byzantiner 1262 eroberten. Sie gründeten die Stadt zu ihren Füßen, die um 1700 noch 42 000 Ew. hatte. Heute sind die meisten Wohnhäuser verschwunden, die Burg ist nur noch eine Ruine. Gut erhalten blieben die vielen Kirchen und Klöster, aufwendig restauriert wurde der monströse Fürstenpalast.

Zwischen dem oberen und dem unteren Eingang zu Mistrás liegen 300 steile Höhenmeter.

INSIDER-TIPP **Gönn dir ein Taxi!**

Wer den schweißtreibenden Aufstieg scheut, fährt von Sparta mit einem Taxi zum oberen Eingang *(ca. 25 Euro)* und kann dann zum unteren zurücklaufen. Trinkwasser mitzunehmen ist empfehlenswert. Pfade und Sehenswürdigkeiten sind gut ausgeschildert. Im Folgenden wird ein Rundgang beschrieben, der am unteren Eingang beginnt und endet.

Die *Metrópolis* war die Bischofskirche der Stadt und schließt an den ehemaligen Bischofspalast an. Du betrittst sie von einem arkadengesäumten Innenhof aus. Die Fresken in der Kirche sind besonders gut erhalten. *Agíi Theodóroi Hodeghétria* beeindruckt sowohl durch ihr schönes Mauerwerk als auch durch ihre große Kuppel. Im Inneren deutlich zu erkennen sind die Fürstenloge und die Emporen an den Längsseiten, die ausschließlich den Frauen vorbehalten waren. Als *Palaces* wird das Ensemble der mächtigen Palastruine bezeichnet, in der die Fürsten von Mistrás residierten. *Agía Sophía* aus dem 14. Jh. war Kloster- und Palastkirche zugleich. Zudem diente sie in türkischer Zeit als Moschee.

Das *Pantanássa-Kloster* wird immer noch von Nonnen bewohnt. Im blumenreichen Innenhof steht ein Trinkwasserbrunnen. Die Fresken stammen im unteren Teil aus dem 17./18. Jh., im oberen Teil aus dem 15. Jh. Als *Phrangópoulos Mansion* ist die Ruine eines stattlichen Hauses gekennzeichnet, das eine Vorstellung vom Wohnen der Wohlhabenden im 15. Jh. vermittelt. Das *Peribléptos-Kloster* stand auf mehreren Geländeebenen. Die *Kirche* ist ein verwinkelter Bau mit gut erhaltenen Fresken aus dem 14. Jh. Die *Kapelle Ágios Geórgios* ist eine der vielen Privatkapellen der Stadt. Schön ist der zierliche, Narthex genannte Vorbau an der Südseite. *Mai–Aug. tgl. 8–20, 1.–15. Sept. 8–19.30, April und 16.–30. Sept. 8–19, 1.–15. Okt. 8–18.30, 16.–31. Okt. 8–18, Nov. 8–17, Dez.–März 8.30–15.30 Uhr | 12 Euro, Winter 6 Euro | K5*

10 GERÁKI

35 km östlich von Sparta/45 Min. über Skoúra

Zugabe gefällig? Beim heutigen Dorf mit seiner schönen, kleinen Platía liegt an einem Hügel ein zweites, bescheideneres und nahezu unbekanntes Mistrás. Auch hier liegen viele byzantinische Kirchen an einem von einer Burg gekrönten Hang. Sie sind zwar schlichter, aber auch teilweise mit Wandmalereien geschmückt. Andere Touristen siehst du hier kaum – ein angenehmer Unterschied zu Mistrás. *Mi–Mo 8.30–15.30 Uhr | da häufig wg. Personalmangel geschl., besser vorher anrufen: Tel. 27 31 02 53 63 | Eintritt frei | 1–1¼ Std. | L5*

Eine ausgesprochen schlanke Schönheit: Areópolis Hauptkirche Agíi Taxiárchi

AREÓPOLI

(K6) **Wenn eine Frau aus ★ Areópoli im Krankenhaus in Kalamáta oder Athen ein Kind gebiert, feuern die Männer zu Hause in Areópoli Gewehrsalven in die Luft.**

Hier gehört das Schießen zur Tradition. Die Gemeinde (775 Ew.), die den Namen des Kriegsgotts Ares trägt, ist das historische Zentrum der Máni. Die Manioten waren immer ein kriegerisches und aufrührerisches Volk. Unterstützt wurden sie in ihrem Freiheitsdrang durch die Natur ihrer Heimat, der Halbinsel Máni. Steile Küsten fast ohne Strände und Häfen sowie das unzugängliche Taigéttosgebirge prägen diesen mittleren der drei Finger des Peloponnes. Der Zugang war und ist nur über Kalamáta oder Gíthio möglich. Im Süden ist die Máni extrem trocken, im Norden grün und stark zerklüftet. Die Türken haben die Máni nie erobert.

In Frieden lebten die Manioten trotzdem nicht. Sie hielten auf Gedeih und Verderb zusammen, wenn es gegen äußere Feinde ging – untereinander aber waren sie sich oft spinnefeind.

Hier galten strenge Ehrgesetze; Blutrache war an der Tagesordnung. In den Dörfern fallen noch heute bis zu 20 m hohe Türme auf. Es sind trutzige Familienburgen mit Schießscharten in den bis zu 1½ m dicken Mauern, von denen aus die Manioten auch Krieg mit ihren Dorfnachbarn führten – bis in die Mitte des 19. Jhs. Da musste manchmal das Militär mit Artilleriegeschützen anrücken, um das nachbarschaftliche Gemetzel zu stoppen. Nach dem Zweiten Weltkrieg wurden viele Häuser verlassen, die Dörfer verfielen. Seit den 1990er-Jahren wandelt sich das Bild. Historische Wohntürme wurden in stimmungsvolle Hotels umgewandelt, immer mehr Manioten restaurieren ihr Erbe oder bauen neu im traditionellen Stil. Um sein Leben muss hier niemand mehr fürchten.

SIGHTSEEING

KIRCHEN

Abgesehen von den wie das Szenario eines Ballerspiels wirkenden Wohntürmen, deren Innenbesichtigung leider nicht möglich ist, sind die drei kleinen Kirchen Hauptsehenswürdigkeiten der Stadt. An der großen Platía mit dem Mavromichális-Denkmal, die zugleich auch Busbahnhof ist, steht die *Ágios-Athanássios-Kirche* mit einigen wenigen Freskenresten. In der Südwestecke des Platzes beginnt neben der Gemeindebibliothek eine schmale Straße, die nach etwa 200 m zur Kirche *Ágios Jánnis Pródromos* führt. Sie ist vollständig mit gut erhaltenen Fresken aus dem 15. Jh. ausgemalt. Folgt man von der Platía aus der Hauptstraße, gelangt man zunächst zur ebenfalls freskengeschmückten *Doppelkirche der Panagía und des Ágios Charálambos* und dann zur Hauptkirche *Agíi Taxiárchi* mit Fresken von 1798. Außer der Hauptkirche sind alle Kirchen tagsüber geöffnet.

ESSEN & TRINKEN

BÁRBA PÉTROS

Hier bekommst du traditionelle maniotische Küche – allerdings nur abends. Schöne Terrasse im Grünen zwischen Natursteinmauern, faire Preise. Besonders lecker und regionaltypisch ist der Schweinebraten mit Trockenpflaumensauce. Die Tiere für den Braten züchtet der Wirt selbst. *An der Hauptgasse zwischen Platía und Hauptkirche | mittags geschl. | Tel. 27 33 05 12 05 | €€*

INSIDER-TIPP
Schwein gehabt

SHOPPEN

ADOULÓTI MÁNI

Ein manischer Maniote bietet in seinem filmreif unordentlichen Laden am Hauptplatz alles, was Bezug zu seiner Heimat hat: T-Shirts und Ansichtskarten, alte und neue Bücher, Trödel und traditionelle Musik.

ARTOPIEÍO

In zahlreichen Körben liegen unterschiedliche Brot- und Zwiebacksorten, frisch aus dem Backofen kommen gefüllte Blätterteigtaschen. Den herrlichen Duft in diesem Geschäft wirst du sicher lange in Erinnerung behalten.

Gebacken wird nach traditionellen Rezepten ohne industrielle Hilfsmittel unter weitgehender Verwendung regionaler Zutaten. *Zwischen Kirche Agíi Taxiárchi und Hotel Kapetanákos Tower*

AUSGEHEN & FEIERN

Fast direkt an der Hauptkirche ist die kleine *Bukka Home Bar* ein romantischer Platz für einen entspannten Drink unter blühenden Bougainvilleen. Discotreff ist im Juli und August ab 23.30 Uhr der *Aíthrio Club* 1 km außerhalb an der Straße nach Kalamáta.

RUND UM AREÓPOLI

11 GÍTHIO

25 km nordöstlich von Areópoli/ 30 Min. über Chosiari

Fischerstädtchen mit Sandstränden und Schiffswrack gesucht? Hier wirst du fündig. Die hübsche Kleinstadt ist ein angenehm ursprünglich gebliebener Hafenort (4500 Ew.) und gilt als Tor zur rauen Máni. Nur jeweils 1 km außerhalb schließen sich an sie die langen Sandstrände von *Mavrovoúni* und *Selinítsa* an; gleich nördlich von *Selinítsa* lockt das rostige Wrack des Frachters *Dimítrios* direkt vorm Strand viele Fotografen an.

INSIDER-TIPP
Schiffsunglück als Fotomotiv

Überm Hafen kreischen Möwen über einlaufenden Trawlern, an der Platía am Hafen servieren einfache Ouzerien Fisch und Meeresfrüchte in großer Auswahl zu zumeist recht günstigen Preisen. Vom hohen Alter der Stadt zeugen nur noch die Reste von zehn Sitzreihen eines frei zugänglichen *römischen Theaters* am Ostrand der Stadt. Fast wie eine spanische Bodega wirkt die *Taverne Bárba Sidéris (Odós Ermú/Uferstraße Odós I. Ksantháki | tgl. | Tel. 27 33 02 24 76 | barbasideris.com | €–€€)*, wo sich jeden Tag Lämmer, Zicklein, Spanferkel und Hähnchen am Holzkohlegrill drehen. Griechische Schattenspielfiguren findest du in der exzellenten Buch- und Kartenhandlung *Hasanákos (Odós Vas. Pávlu 39)* an der Uferpromenade.

Auf dem der Stadt an der Straße zur Máni vorgelagerten Inselchen *Marathonísi* verbrachte dem Mythos nach der trojanische Prinz Páris seine erste Liebesnacht mit der von ihm entführten Schönen Helena. Ein Wäldchen gibt es da noch immer. Außerdem steht auf Marathonísi, das über einen Straßendamm erreichbar ist, der Wohnturm *Tzanetákis Tower*. In ihm ist das *Historisch-Ethnologische Museum (tgl. 9.30–13 und 17–21 Uhr | 3 Euro | 15 Min.)* der Máni untergebracht. *L6*

12 PÍRGOS DIROÚ ★

10 km südlich von Areópoli/15 Min. über Lagokili

Fahr doch mal durch die Unterwelt! An der Bucht von Pírgos Diroú sind fast auf Meereshöhe weitläufige Tropfsteinhöhlen entdeckt worden. Eine davon, die *Vlicháda-Höhle (April–Okt. tgl. 9–17, Nov.–März 8.30–16.30 Uhr | inkl. Bootsfahrt 15 Euro | diros-caves.*

Nach der Unterwelt der Tropfsteinhöhle Pírgos Diroú gehts zum Sonnen an den Strand

gr), kannst du auf einer halbstündigen Fahrt mit dem lautlosen Elektroboot über einen unterirdischen Fluss kennenlernen. In anderen Höhlen wurden zahlreiche Funde aus vergangenen Jahrtausenden gemacht, die in einem kleinen *Museum (Di–So 8.30–15 Uhr | 2 Euro)* ausgestellt sind. Am Strand bei den Höhlen kannst du dich anschließend auf kindskopfgroßen Steinen sonnen. *K6*

13 GEROLIMÉNAS

25 km südlich von Areópoli/30 Min. über Kíta

Hierher kommt man wegen des Norwegenfeelings. Die Lage des Dorfs ist erheblich schöner als der Ort: Man sitzt am Wasser, isst Fisch oder Meeresfrüchte in der *Taverne Akrotainarítis (tgl. | Tel. 27 33 05 42 05 | €€)* und schaut über den von felsiger Steilküste gesäumten Fjord aufs Meer. *K7*

14 VÁTHIA ★

33 km südlich von Areópoli/40 Min. über Gerolíménas

Echt krass: Mit diesem Dorf im südlichsten Teil der Máni haben die Manioten ihre Kriegsbesessenheit auf die Spitze getrieben. Hier stehen auf einem Felsvorsprung dicht gedrängt mehrere festungsartige Wohntürme, aus denen heraus sich die Dorfbewohner des Öfteren gegenseitig beschossen. Das gesamte Dorf wirkt von Weitem wie eine Burg. Öffentlich zugänglich ist leider keiner der Türme. *K7*

15 MARMÁRI & KAP TÉNARO

40 km südlich von Areópoli/50 Min. über Váthia

Rekordsüchtig? Am *Sandstrand von Marmári* badest du am südlichsten Beach der Balkan-Halbinsel. Deren südlichste Taverne findest du 4 km entfernt am Ende der Straße Richtung

Kap Ténaro. Nur ein paar Schritte von ihr entfernt vermuteten die Menschen der Antike einen der Eingänge zum Totenreich und befragten hier die Schatten ihrer verstorbenen Verwandten in einem Totenorakel um Rat. Von einem kleinen Poseidon-Tempel zeugen dort Mauerreste, über denen jetzt eine kleine Kapelle steht. Gehst du von dieser Kapelle zur westlich gelegenen Bucht hinunter und durchquerst die spärlichen Reste einer antiken Siedlung, kommst du in einer gänzlich schattenlosen Stunde zum Leuchtturm direkt am Kap. *K7*

16 THALÁMAI

25 km nördlich von Areópoli/35 Min. über Ítilo

Ein Leckerbissen für Freunde sakraler Kunst ist die stets frei zugängliche *Metamórfosis-Kirche* aus dem 13. Jh. auf dem Dorffriedhof. Die Kapitelle der vier Säulen, die die Kuppel tragen, sind mit reizvoll-naiven Reliefs verziert: Dargestellt sind eine Sphinx, die ein Tier im Maul trägt, ein Bogenschütze bei der Jagd und zwei Füchse, die einen von einem Hasen geführten Pflug ziehen. *Direkt an der Straße am Ortsende Richtung Kalamáta | K6*

17 ÁGIOS NIKÓLAOS

35 km nördlich von Areópoli/45 Min. über Thalámai

Das kleine, sehr fotogene Dorf ist der aktivste Fischereihafen der messenischen Máni. Direkt am Hafen wird jeden Vormittag ein kleiner Fischmarkt abgehalten, Linienbusse fahren mehrmals täglich zum 1 km entfernten Kiesstrand *Pantázi Beach* mit schönem Tamariskenschatten, in die Nachbarorte Stoúpa und Kardamíli und in nahe

Familienfreundlich: Der Strand in Stoúpa fällt flach ab und Tamarisken spenden Schatten

Bergdörfer. Von denen aus kannst du gut auf markierten Pfaden zur Küste zurückwandern. Gute Mountainbikes verleiht *Mani by Bike (Tel. 6983708091 | manibybike.com)*. Gut griechisch essen kannst du in *Elli's Taverne (tgl. | Tel. 6983294884 | €€)* nahe dem kleinen Hafen; gut für einen Kaffee ist dort die *Líthos Bar.* *K6*

18 STOÚPA

40 km nördlich von Areópoli/50 Min. über Thalámai

Badepause! Stoúpa ist der einzige Ort auf der Máni, in den man zum Badeurlaub kommt. An seinen feinen Sandstränden bieten viele Tamarisken Schatten, das Ufer fällt kinderfreundlich flach ab. Man kann Mountainbikes mieten *(manibybike.com)*, aber Wassersportangebote gibt es nicht. *K5*

19 KARDAMÍLI

47 km nördlich von Areópoli/1 Std. 10 Min. mit dem Bus

Kardamíli (330 Ew.) ist zwar der bedeutendste Fremdenverkehrsort der Máni, aber viel Trubel musst du auch hier nicht befürchten. Nur im Mai ist hier alljährlich für eine Woche Highlife angesagt: Dann finden in fast allen Bars, Cafés und Tavernen Jazzkonzerte statt. Organisiert wird dieses *Jazzfestival (sarpjazz.no)* von einem norwegischen Jazzclub. Ansonsten gibt es entlang der Hauptdurchgangsstraße ein paar Boutiquen mit Kunstgewerbe und Kleidung, das sehr gute Reisebüro *2407 Mountain Activities (Tel. 2721073752 | 2407m.com)*, das auch geführte Wander- und Mountainbiketouren anbietet, und die liebevoll geführte Café-Bar *Androuvísta* als Treff der vielen in der Region ansässigen Ausländer.

Oberhalb der Hauptstraße stehen am südlichen Ortsende die frei zugänglichen Überreste von Alt-Kardamíli mit Wehrturm und Kirche samt 17 m hohem Glockenturm. Baden kannst du an einem langen Kiesstrand. Zu Wanderungen lädt die 15 km lange *Schlucht von Vírou* ein. Ein Linienbus bringt dich morgens zum Ausgangspunkt des Wegs im 450 m hoch gelegenen Bergdorf Exochóri hinauf. Auf den Klippen am Meer isst du abends in *Lela's Taverna (mittags geschl. | Tel. 2721073541 | €€)* besonders romantisch – das wissen viele, deshalb solltest du reservieren. *K5*

MONEMVASSÍA

(*M6*) ★ Monemvassía (1300 Ew.) gleicht einer Filmkulisse. Stadtmauern und Festung, Häuser, Gassen und Plätze haben ihren spätmittelalterlichen Charakter bewahrt; kein Neubau stört das geschlossene Bild des Orts.

Innen aber haben die Häuser neue Funktionen bekommen. Sie dienen als Hotels und schicke Bars, gute Restaurants oder Filialen Athener Boutiquen und Galerien. Monemvassía ist absolut in; Athener Yuppies und Schickeria geben sich hier ein sommerliches Stelldichein. Man kann es mögen oder auch nicht.

Das alte Monemvassía liegt auf der Südseite eines 1700 m langen und 300 m breiten Felsens unmittelbar vor der Küste des Peloponnes, mit dem die Insel schon seit dem Mittelalter durch eine Brücke verbunden ist. Für die byzantinischen Fürsten von Mistrás war die stark befestigte Stadt bis 1464 ebenso bedeutend wie anschließend für die Venezianer, die sie mit Unterbrechungen bis 1715 besaßen. Sie nannten die Stadt Malvasia und exportierten von hier Wein nach Italien, der in Europa als Malvasierwein bekannt wurde.

Das Géfira genannte neue Monemvassía liegt auf der Festlandseite der Brücke. Hier stehen zahlreiche weitere Tavernen, Hotels und Pensionen, hier gibt es auch kleine Strände. Das Preisniveau ist erheblich niedriger als in der Altstadt.

SIGHTSEEING

ALTSTADT

Du betrittst die Altstadt durch das alte Stadttor und gehst die Hauptgasse entlang zur Platía. Hier ist die mittelalterliche Kirche *Christós Elkómenos (tgl. 9–13 und 17–20 Uhr)* als einzige in der Unterstadt für Besichtigungen geöffnet. Ein serpentinenreicher Fußweg führt in die *Oberstadt.* Hart am Abgrund steht hier mit der *Agía Sofía* die bedeutendste Kirche Monemvassías. Ein Pfad führt zum türkischen *Kastell* auf dem höchsten Punkt des Felsens, ein anderer zu ausgedehnten Zisternen. Das ganze Gelände ist romantisch verwildert und meist weht hier oben ein erfrischendes Lüftchen.

ESSEN & TRINKEN

TO KANÓNI

Richtig fein essen kannst du in diesem erstklassigen Restaurant mitten im alten Monemvassía. Als Vorspeise empfiehlt sich die im Salbeirauch geräucherte Landwurst mit Orangenstückchen. Sehr lecker ist auch die Meeresfrüchtepasta mit großen Shrimps und Sepia. Tischreservierung ratsam! *Kentrikí Platía | tgl. | Tel. 27 32 06 13 87 | tokanoni.com | €€*

SCÓRPIOS

Mit Blick auf den Felsen von Monemvassía sitzt du in der Neustadt auf dem Festland bei Júli und Vasílis. Sie servieren die übliche Tavernenkost direkt am Meer an der Uferstraße zwischen Brücke und Hafen. Wenn du in vorderster Reihe sitzen willst, solltest du einen entsprechenden Tisch reservieren. *Tgl. | Tel. 27 32 06 20 90 | €*

SHOPPEN

INSIDER-TIPP
Ein Hauch von Lübeck

Eine Spezialität von Monemvassía ist *amigdalotó,* eine griechische Variante des Marzipans. Sie wird in mehreren Geschäften an der Brücke angeboten.

AUSGEHEN & FEIERN

Ein beliebter Treffpunkt in der Altstadt ist die sich über drei Etagen erstreckende Bar *Enétiko.* In der Neustadt trifft man sich im *Rock Café* nahe der Brücke.

Buchten im Doppelpack: Símos Beach zählt zu den schönsten Stränden Griechenlands

RUND UM MONEMVASSÍA

20 ELAFÓNISSOS ★

40 km südlich von Monemvassiá/ 50 Min. über Nómia plus 8 Min. Fähre

Im äußersten Süden der Parnónhalbinsel hast du die Gelegenheit, das Leben auf einer winzigen Insel und einen der tollsten Strände ganz Griechenlands kennenzulernen. Elafónissos wird nur durch einen 1 km breiten Meeresarm vom Festland getrennt. Vom Hafen *Poúnda* aus fährt eine Fähre *(elafonisos.inspacetime.gr)* hinüber. Im einzigen Dorf der Insel leben noch etwa 750 Menschen; die meisten von ihnen sind Teil- oder Vollzeitfischer. 2000 weitere Insulaner verdienen ihren Lebensunterhalt in Athen oder Piräus; viele von ihnen kehren nur in den Sommerferien auf ihre Heimatinsel zurück.

Das Inselleben spielt sich vor allem am Hafen mit seinen Ouzerien, Tavernen und Kaffeehäusern ab. Die Gassen im Dorf sind nur teilweise asphaltiert oder gepflastert; Alt- und Neubauten stehen beziehungslos nebeneinander. Für ein schnelles Bad zwischendurch sind die Ortsstrände völlig ausreichend. Der Traumstrand schlechthin ist jedoch der 4 km vom Ort entfernte, feinsandige, weitgehend naturbelassene *Símos Beach* mit seinen teilweise begrünten Dünen und flach abfallenden Ufern. Die Straße dorthin ist gut ausgebaut, im Sommer fahren außerdem kleine Boote. Gut essen kannst du in der *Taverne Dagiandás (tgl. | Tel. 27 34 06 13 84 | €€)* am Hafenausgang, wo die Tische direkt auf dem Kieselsteinstrand stehen. *M7*

ERLEBNIS TOUREN

Lust, die Besonderheiten der Region zu entdecken? Dann sind die Erlebnistouren genau das Richtige für dich! Ganz einfach wird es mit der MARCO POLO Touren-App: Die Tour über den QR-Code aufs Smartphone laden – und auch offline die perfekte Orientierung haben.

1 DURCH DIE BERGE AN DEN GOLF VON KORINTH

- Lauf im antiken Stadion
- Probier peloponnesische Weine
- Durch hohe Berge hinunter zum Meer

Start: Alt-Korinth
Ziel: Dervéni
Strecke: ca. 150 km
Dauer: 1 Tag, reine Fahrzeit ca. 3 Stunden

Badesachen mitnehmen und für ein Picknick vorab in 1 **Alt-Korinth** einkaufen!

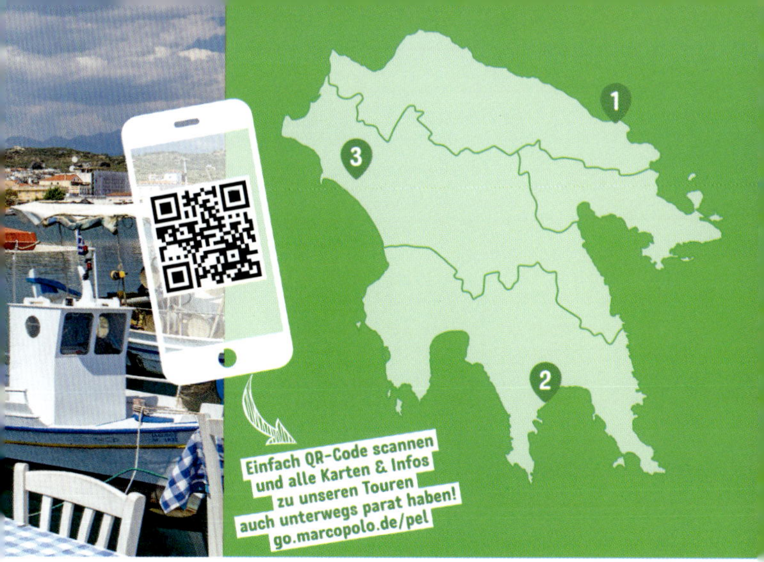

1
2
3
Einfach QR-Code scannen
und alle Karten & Infos
zu unseren Touren
auch unterwegs parat haben!
go.marcopolo.de/pel

Das hübsche Fischerstädtchen Gíthio ist Startort für eine zweitägige Tour durch die Máni

STADIONLAUF WIE IN DER ANTIKE

Du verlässt ❶ Alt-Korinth ➤ S. 42 *auf der alten Landstraße Richtung Árgos und biegst vor Dervenákia nach* ❷ Archéa Neméa ➤ S. 47 ab. Dort kannst du im gut erhaltenen Stadion wie ein antiker Athlet einen Stadionlauf absolvieren. Nach dem anschließenden Rundgang durch das Archäologische Museum und den Zeus-Tempel können die Beifahrer *am Ortsende links* in der gemütlichen Probierstube des ❸ Weinguts Palývou den Wein für den Abend auswählen. Neugierige bevorzugen Weine aus den lokalen Rebsorten Agiorgítiko, Rodítes und Malagoúsa.

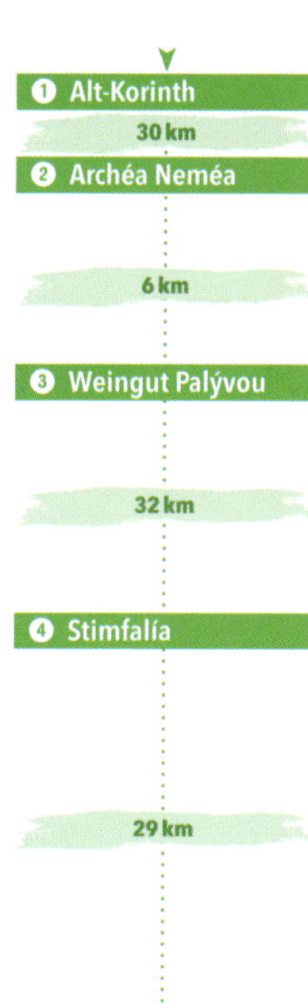

GANZ BESONDERE VÖGEL

Anschließend fährst du weiter ins Hochtal von ❹ Stimfalía ➤ S. 47, wo du im Gartenrestaurant des Hotels Stymphalia gut zu Mittag isst. Die Stille des Orts wussten vor über 700 Jahren Zisterziensermönche aus Frankreich zu schätzen. Die eindrucksvollen Ruinen ihres Klosters stehen *am westlichen Ortsrand.* Unweit davon informiert ein modern konzipiertes Umweltmuseum über die Region, deren Mittelpunkt der Stymphalische See mit seinen ausgedehnten Röhrichtzonen bildet. Keine Angst: Die stymphalischen Vögel schießen

❶ Alt-Korinth
30 km
❷ Archéa Neméa
6 km
❸ Weingut Palývou
32 km
❹ Stimfalía
29 km

heute keine Eisenpfeile mehr ab! Im Museumsshop findest du ein einzigartiges Souvenir: Eine Tischlampe aus einem vielfach durchlöcherten Zierkürbis in Form eines stymphalischen Vogels ohne Pfeile.

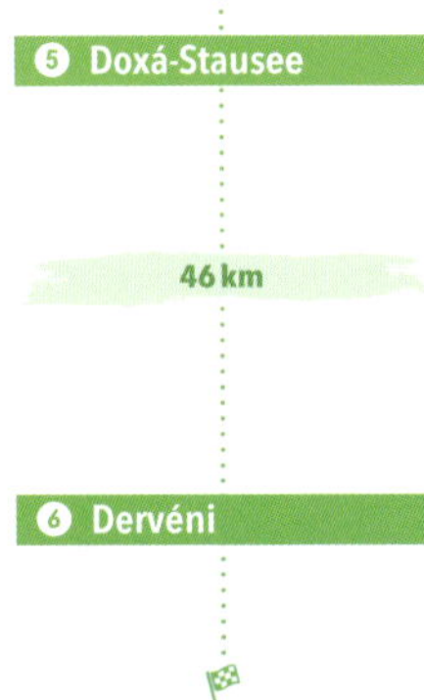

ERST EIN BAD IM STAUSEE, DANACH IM KORINTHISCHEN GOLF

5 Doxá-Stausee

46 km

6 Dervéni

Durch stille Bergdörfer wie Kastaniá geht es dann bis auf über 1100 m Höhe hinauf, bevor sich die Straße in das von hohen Bergen umschlossene Tal von Feneós hinabsenkt. *Über eine Waldstraße* gelangst du zum von viel Grün eingefassten 5 **Doxá-Stausee**, wo du einen Badestopp einlegst. *Eine Straße rund um den See führt dich zur mittelalterlichen Kapelle* **Ágios Fanoúrios**, wo du ein kleines Nachmittagspicknick genießen kannst. Anschließend steigt die Hauptstraße wieder bis auf über 1200 m Höhe an, bevor plötzlich tief unter dir der Korinthische Golf mit seiner schmalen, üppig grünen Küstenebene in Sicht kommt. *Kurvenreich geht es nun bergab,* bis du 6 **Dervéni** erreicht hast. Hier beschließt du den Ausflug am **Strand** mit einem Bad im Korinthischen Golf. Das Ufer gegenüber bildet bereits das griechische Festland.

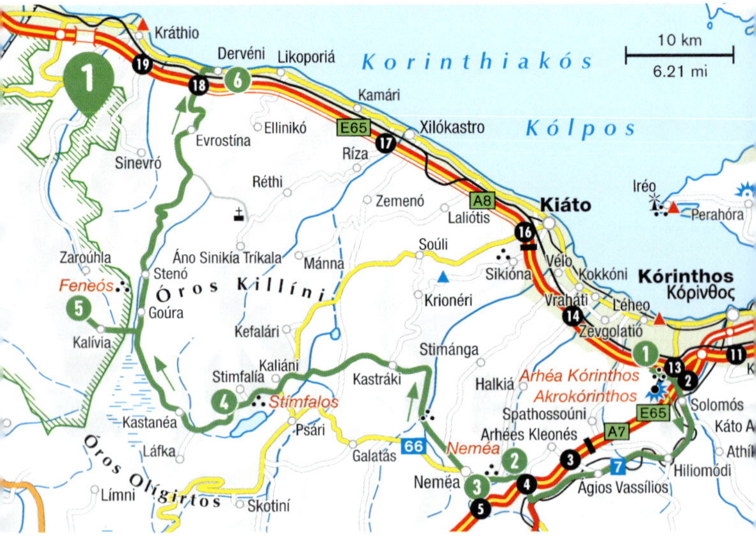

❷ ZWEI TAGE IN DER MÁNI

- ➤ **Auf zu den maniotischen Wehrdörfern**
- ➤ **Mit dem Boot durch eine Tropfsteinhöhle**
- ➤ **Besuch die Klosterkirche und bade im Meer**

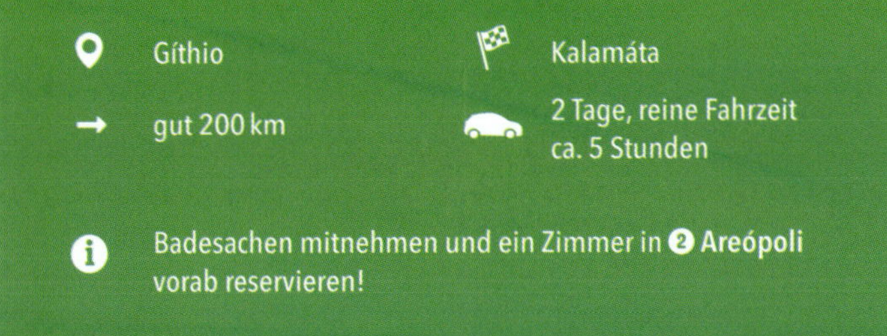

Kurz hinter ❶ **Gíthio ➤ S. 112** siehst du an den Berghängen die ersten maniotischen Dörfer mit ihren für diese Region so charakteristischen Wohn- und Wehrtürmen. Bald hast du ❷ **Areópoli ➤ S. 110** erreicht, die winzige Hauptstadt der Máni. Hier wirst du übernachten – check also am besten gleich im gebuchten Hotel ein und lass dein Gepäck dort, bevor du weiterfährst. *In Pírgos Diroú zweigt eine Stichstraße hinunter zu den gleichnamigen* ❸ **Tropfsteinhöhlen ➤ S. 112** *ab.* Ein Fährmann lässt dich dort im Elektroboot durch die Unterwelt gleiten.

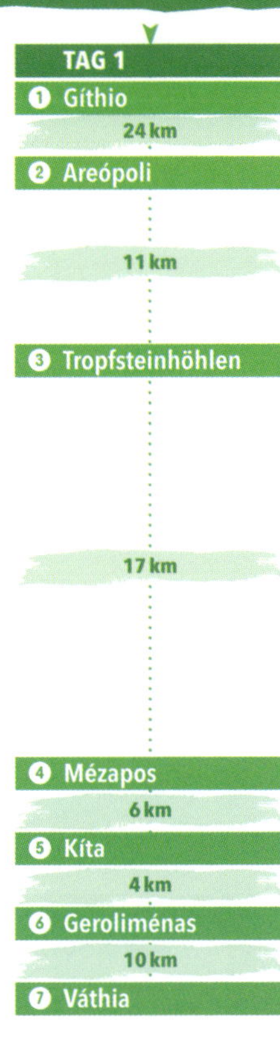

WOHN- UND WEHRTÜRME

Danach geht es auf der Hauptstraße weiter gen Süden. Um mehr von den maniotischen Wehrdörfern zu sehen, *verlässt du die Hauptstraße ca. 1½ km hinter Triantafilliá nach Osten und fährst über eine Nebenstraße nach Mína. Hier triffst du wieder auf die Hauptstraße, die du aber sogleich wieder verlässt für einen Abstecher ins Küstendorf* ❹ **Mézapos**. In Ermangelung eines guten Hafens hängen die Fischerboote hier sehr fotogen an Kränen auf den Küstenfelsen. *Wieder auf der Hauptstraße,* folgt kurz darauf ❺ **Kíta** mit besonders vielen Wohn- und Wehrtürmen. Im Hafenort ❻ **Geroliménas ➤ S. 113** ist es Zeit für ein Mittagessen in der **Taverne Máni Máni**. Nächstes Ziel ist dann ❼ **Vá-**

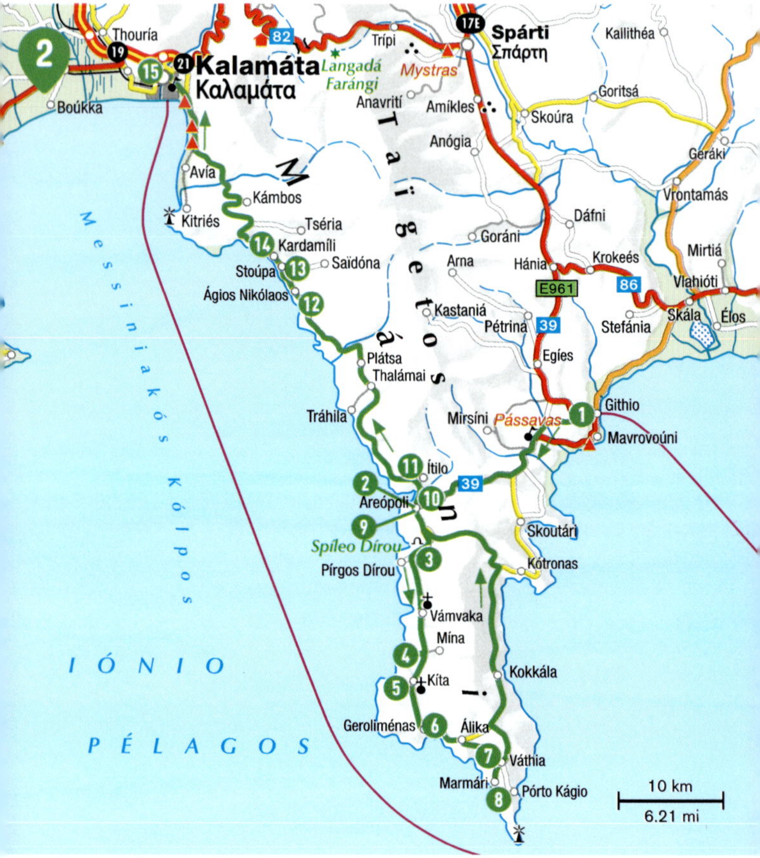

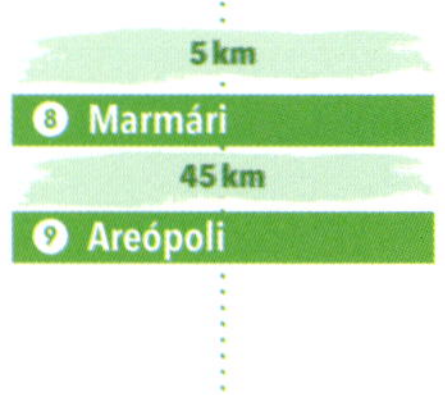

thia ➤ S. 113 mit mehreren restaurierten Wehrtürmen. Baden und Kaffee trinken kannst du danach am besten Sandstrand der Máni in 8 Marmári ➤ S. 113. *Auf der Hauptstraße fährst du – nun am Lakonischen Golf entlang – zurück nach* 9 Areópoli. Für den kulinarischen Höhepunkt des Tages sorgt die Taverne Bárba Pétros, deinen Nightcap kannst du anschließend in der Bar gegenüber genießen.

TAG 2

5 km

KIRCHEN, FRESKEN UND SANDSTRAND

Standen am ersten Tag die Dörfer im Mittelpunkt, sind es heute Kirchen und Strände. *Die Straße windet sich*

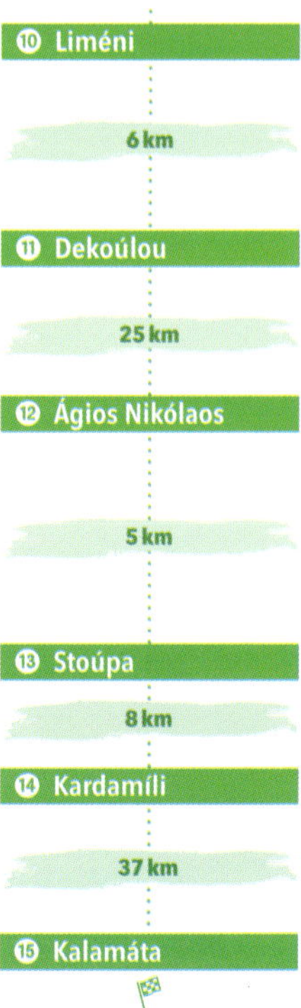

zunächst zur Bucht von ⑩ **Liméni** *hinunter. Hier steht unmittelbar rechts an der Hauptstraße das* **Geburtshaus** des Freiheitskämpfers Pétrobey Mavromichális. *Auf der anderen Seite der Bucht steigt die Straße wieder an. Nach ca. 1½ km markiert ein Wegweiser die Abzweigung zur Klosterkirche* ⑪ **Dekoúlou**, die vollständig mit figurenreichen Fresken ausgemalt ist. Die Schlüsselverwahrerin wohnt im Kloster und lässt dich dort gern fotografieren. *Vorbei an Ítilo und Thalámai* geht es in den untouristischen Fischerort ⑫ **Ágios Nikólaos** ➤ S. 114. *Am kleinen Hafen* kannst du in **Elli's Taverne** gut essen – griechisch oder englisch.

KURVENREICHES LANDSCHAFTS-HIGHLIGHT ZUM FINALE

Zum Baden fährst du dann in den Nachbarort ⑬ **Stoúpa** ➤ S. 115 mit seinen Sandstränden. Miete dir am Hauptstrand ein Kanu oder ein Tretboot! Später am Nachmittag besichtigst du dann in ⑭ **Kardamíli** ➤ S. 115 zunächst das Wehrdorf **Alt-Kardamíli** und genießt dann Kaffee, orientalische Kuchen und griechische Musik im **Café Androuvísta**. Anschließend sind es noch knapp 40 kurvenreiche und landschaftlich sehr schöne Kilometer bis nach ⑮ **Kalamáta** ➤ S. 98.

3 ZWEI AKTIVE TAGE IM GEBIRGE

- ➤ Ein in Planen gehüllter Tempel
- ➤ Wandern im Loúsios-Tal
- ➤ Picknick am Kloster mit Bergblick

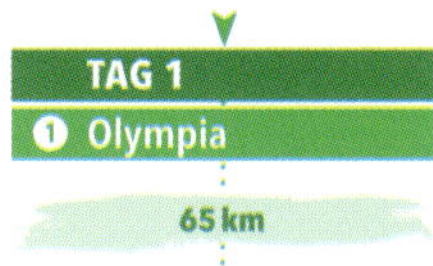

Von ① **Olympia** ➤ S. 78 *fährst du auf sehr kurvenreicher Straße zunächst nach Kréstena und biegst dort links Richtung Megalópoli ab.* Die Straße steigt bergan durch Wälder, die sich gut von einem katastrophalen,

❷ Bassai

14 km

❸ Andrítsena

31 km

❹ Karítena

21 km

❺ Stemnítsa

8 km

❻ Dimitsána

TAG 2

26 km

❼ Górtys

2 km

❽ Mönchskloster Prodrómou

2 km

❾ Kloster Philosóphou

8 km

❿ Dimitsána

sehr großflächigen Waldbrand 2007 erholt haben. *Vor Andrítsena biegst du rechts ab zum einsam in 1130 m Höhe gelegenen Tempel von* ❷ **Bassai** ➤ S. 86, der zum Schutz vor Regen, Schnee und Wind ganz in Plastikplanen eingehüllt ist. So etwas gibt es auf der ganzen Welt kein zweites Mal! Nach der Besichtigung wendest du dich ❸ **Andrítsena** ➤ S. 86 zu, wo du *auf dem Dorfplatz* frisches Quellwasser trinkst, das direkt aus einer Platane zu strömen scheint. Genieß die nostalgische Kleinstadtatmosphäre und fahr dann weiter nach ❹ **Karítena**, wo du in der Taverne **To Kástro** schattig speist. Hier beginnt auch der kurze Aufstieg zur **Burg**, die im griechischen Freiheitskampf gegen die Türken eine wichtige Rolle spielte.

Wieder bergan geht es dann weiter nach ❺ **Stemnítsa**, wo mehrere Silber- und Goldschmiede ihre Kreationen anbieten. Nach einer Kaffeepause am Dorfplatz kommst du ins auf fast 1000 m Höhe gelegene ❻ **Dimitsána** ➤ S. 90, wo du gut übernachten kannst. Bestell dir gleich das Taxi *(Tel. 69 77 57 59 55 und 69 74 43 04 77 | ca. 30 Euro)* für den nächsten Morgen um 8.30 Uhr und kauf für ein Picknick ein, bevor du in der Taverne **To Stéki tis Géfsis** *(Di geschl. | Tel. 27 95 03 14 24 | tostekitisgefsis.gr | €€) an der Hauptstraße* zu Abend isst.

WANDERUNG ZU DEN MÖNCHEN

Mit dem Taxi fährst du zum Ausgangspunkt deiner 12 km langen Wanderung durch das ★ **Loúsios-Tal**. *Es bringt dich zu den Überresten des antiken* ❼ **Górtys**. Hier kannst du ein erfrischendes Fußbad im Fluss Loúsios nehmen, bevor du den *ausgeschilderten Wanderweg 32* hinauf zum ❽ **Mönchskloster Prodrómou** nimmst. Jetzt am Morgen sind die Mönche wahrscheinlich noch gastfreundlich und gut gelaunt und lassen sich nach einem freundlichen Zulächeln vielleicht sogar fotografieren. *Nach der Überquerung des Loúsios steigst du zum* ❾ **Kloster Philosóphou** hinauf, picknickst dort mit tollem Ausblick und *wanderst weiter bergan durch unberührte Natur bis hinauf nach* ❿ **Dimitsána**. Insgesamt hast du nun etwa 500 Höhenmeter überwunden.

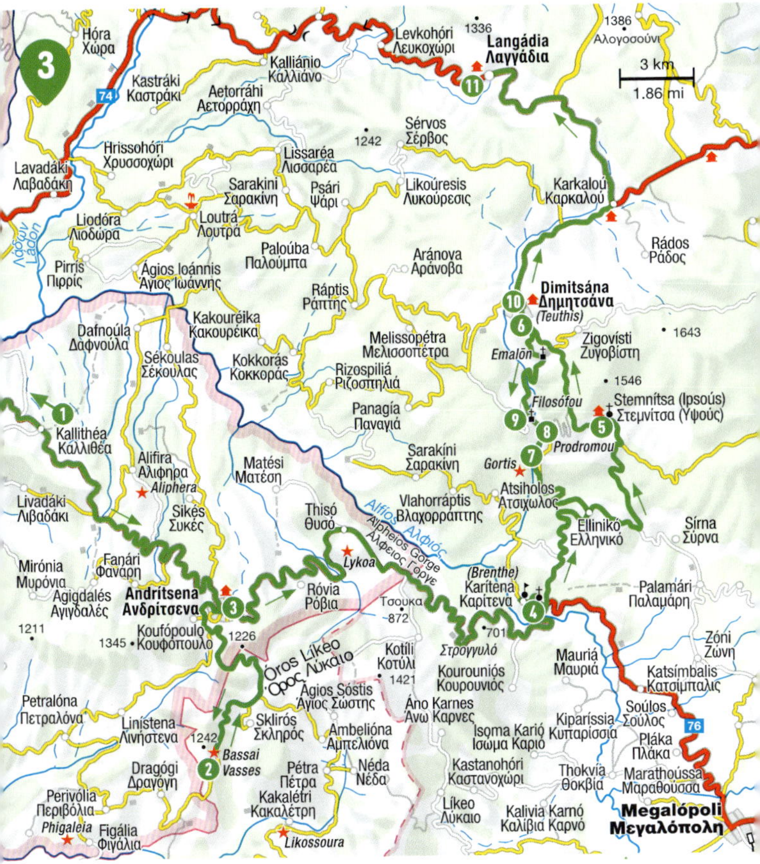

ZUM ABSCHLUSS EIN GEBRATENES ZICKLEIN

Wieder am Auto, besuchst du, genügend Kondition vorausgesetzt, noch das **Water Power Museum ➤ S. 90** und steuerst danach das große, auf 900 m Höhe gelegene Bergdorf **⓫ Langádia ➤ S. 91** an. Hier kannst du die auf der Wanderung verbrauchten Kalorien genussvoll bei einem Spanferkel oder Ziegenbraten in der **Taverne Maniátis** an der Hauptstraße wieder nachladen. Und als Souvenir bieten sich fast direkt nebenan die hausgemachten Nudeln im Geschäft von **Kanélla Mouroútsou** an. Ihr Vorname bedeutet übrigens „Zimt".

22 km

⓫ Langádia

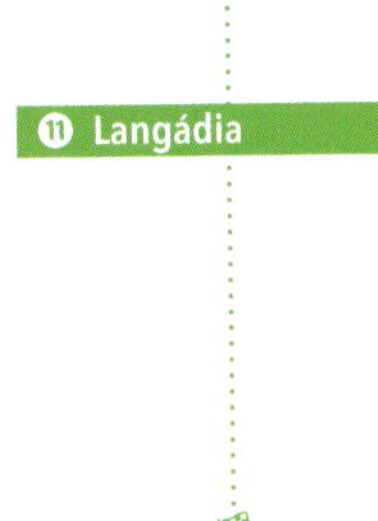

GUT ZU WISSEN

DIE BASICS FÜR DEINEN URLAUB

ANKOMMEN

ANREISE

Die Flughäfen von Kálamata und Áraxos bei Patras werden zwischen April und Oktober von mehreren deutschen Städten aus angeflogen. Ganzjährig erreichst du den Peloponnes über den Flughafen von Athen. Mit dem Mietwagen oder dem Taxi (ca. 145 Euro) gelangst du von dort in einer guten Stunde über die Autobahn nach Korinth; außerdem fährt vom Athener Flughafen die Vorortbahn *proastiakós (hellenictrain.gr)* nach Korinth und weiter bis Kiáto, von wo man mit dem Bahnbus bis nach Patras kommt.

+ 1 Stunde Zeitverschiebung

ganzjährig

Autofähren verbinden Patras mit zahlreichen Adriahäfen Italiens. Die Fahrzeit von Bari beträgt 15, von Ancona 19, von Venedig 27 Stunden. *goferry.de*

EINREISE

Zur Einreise brauchst du einen Personalausweis oder Reisepass, Kinder unter 16 Jahren ersatzweise einen Kinderpass.

KLIMA & REISEZEIT

Wer im Meer baden will, muss den Peloponnes zwischen Mai und Oktober besuchen. In den übrigen Monaten kann es häufiger regnen; zwischen Dezember und Februar sinken die Temperaturen selbst an der Küste nachts manchmal bis in Gefrierpunktnähe. Schönster Reisemonat ist der Mai, da dann viele Blumen und Bäume blühen, das Meer zum Baden meist schon warm genug ist und manche Bergspitzen noch Schnee tragen.

Über diese elegante Brücke fährt, wer Patras vom Festland aus ansteuert

WEITER-KOMMEN

AUTO

Mautpflichtige Autobahnen führen von Korinth über Trípoli bis Sparta und Kalamáta sowie von Korinth nach Patras. Dort beginnt eine Schnellstraße nach Olympia. Das Straßennetz ist gut ausgebaut. Wegweiser gibt es meist in griechischer und lateinischer Schrift. Tempolimit: innerorts 50, auf Landstraßen 90, auf Schnellstraßen 110, auf Autobahnen 120 km/h. Promillegrenze: 0,5, für Motorradfahrer 0,2.

MIETWAGEN

Die großen Gesellschaften haben Niederlassungen in Kalamáta und Patras; regionale Firmen haben Büros in den Badeorten (auch Mopeds und Roller), in Korinth, Nauplia und Trípoli.

ÖFFENTLICHE VERKEHRSMITTEL

Busse sind das wichtigste öffentliche Verkehrsmittel. Fernbusse (Internetbuchung möglich) verbinden benachbarte Städte und alle Städte mit Athen und Korinth. Regionalbusse fahren von den Bezirkshauptstädten in alle Dörfer im Umkreis. Infos und Tickets auf der jeweiligen Website: *ktelachaias.gr, ktelargolida.gr, ktelileias.gr, ktelkorinthias.gr, ktelkorinthias.gr, ktelmessinias.gr*

TAXI

Taxis sind in allen Städten sehr zahlreich, alle verfügen über Taxameter. Die Tarife sind viel günstiger als bei uns.

IM URLAUB

EINTRITTSPREISE

Der Eintritt in Museen und archäologische Stätten kostet meist 3–4 Euro. Gehört zu einer Ausgrabung auch ein Museum, muss eventuell zweimal Eintritt bezahlt werden. Bedeutende Ausgrabungen und Museen kosten 6–12 Euro Eintritt. Schüler, Studierende sowie Menschen mit Behinderung aus EU-Ländern haben freien Eintritt, Senioren ab 65 Jahren ermäßigten. In der Argolís gibt es ein drei Tage gültiges Kombiticket für 12 Euro, das für sechs Sehenswürdigkeiten gilt.

FEIERTAGE

1. Jan.	Neujahr
6. Jan.	Heilige Drei Könige
März	Rosenmontag (18. März 2024, 3. März 2025)
25. März	Nationalfeiertag
April/Mai	Karfreitag (3. Mai 2024, 18. April 2025); Ostermontag (6. Mai 2024, 21. April 2025)
1. Mai	Tag der Arbeit
Juni	Pfingstmontag (24. Juni 2024, 9. Juni 2025)
15. Aug.	Mariä Entschlafung
28. Okt.	Nationalfeiertag
25./26. Dez.	Weihnachten

GRÜN & FAIR REISEN

Du willst beim Reisen deine CO_2-Bilanz im Hinterkopf behalten? Dann kannst du deine Emissionen kompensieren *(atmosfair.de; myclimate.org)*, deine Route umweltgerecht planen *(routerank.com)* oder auf Natur und Kultur *(gate-tourismus.de)* achten. Mehr über ökologischen Tourismus erfährst du hier: *oete.de* (europaweit); *germanwatch.org* (weltweit).

GELD & KREDITKARTEN

Geldautomaten sind zahlreich vorhanden; sie akzeptieren die Maestro-Card und alle gängigen Kreditkarten, denn die müssen in Griechenland per Gesetz von allen Geschäften und Lokalen akzeptiert werden.

INTERNETZUGANG & WLAN

Viele Griechen sind eifrige Internetnutzer. WLAN (hier *wifi* genannt) ist weit verbreitet. Viele Cafés, Bars, Tavernen und Hotels bieten kostenlosen WLAN-Zugang.

ÖFFNUNGSZEITEN

Zeit zum Einkaufen ist in den Badeorten, in Nauplia und in den viel besuchten Bergdörfern den ganzen Tag über bis abends gegen 22 Uhr. Die Geschäfte in den Städten sind montags bis samstags meist von 9 bis 14 sowie dienstags, donnerstags und freitags auch von 17 bis 20 Uhr geöffnet.

SPRACHE

Die Griechen sind stolz auf ihre Schrift, die von keinem anderen Volk geschrieben wird. Für Aufschriften und Ortsschilder wird häufig zusätzlich die lateinische Schrift verwendet. Trotzdem ist es hilfreich, die griechischen Buchstaben zu kennen. Betont wird immer der Vokal, der den Akzent trägt. Bei eingedeutschten Namen (z. B. Nauplia statt Náfplio) wurde in diesem Reiseführer auf Akzente verzichtet. Die Wörter in diesem Reiseführer sind so geschrieben, wie es der Aussprache am nächsten kommt, in der Faltkarte wird dagegen eine international standardisierte Umschrift ver-

FESTE & EVENTS

RUND UMS JAHR

MÄRZ

Karneval (Patras), *carnivalpatras.gr:* Höhepunkt ist der große Karnevalsumzug am orthodoxen Faschingssonntag mit mehr als 100 000 Teilnehmern und Besuchern (Foto).

APRIL

Osternacht (alle Orte): Gegen 23 Uhr gehen nahezu alle Griechen zum Auferstehungsgottesdienst in die Kirche. Anschließend gibts Geböller und Feuerwerk.

MAI

Jazzfestival (Kardamíli, direkt am Meer), *sarpjazz.no*

JUNI/JULI

Náfplio Festival, *nafplionfestival.gr:* zehn Tage klassische Musik

JUNI–AUGUST

Musiksommer (Pyrgos), *mani-sonnenlink.com:* dreimal monatlich Open-Air-Konzerte mit Biokost

JULI

Kalamáta Dance Festival, *kalamatadancefestival.gr:* zehntägiges internationales Festival des zeitgenössischen Tanzes

JULI/AUGUST

Epidaurus Festival, *aefestival.gr:* modernes und antikes Theater, Tanz und Filmklassiker im kleinen und großen antiken Theater

AUGUST/SEPTEMBER

Tegéa Festival: größter traditioneller Jahrmarkt des Peloponnes, mit Viehmarkt

Weinfest (Neméa), *winesofgreece.org:* am letzten Wochenende des Monats, Events direkt in den Kellereien.

Mystrás Fair: eine Woche lang traditioneller Jahrmarkt

OKTOBER

Internationales Chorfestival (Kalamáta), *interkultur.com:* über 30 Chöre aus aller Welt wendet. Und vor Ort können die Schreibweisen wiederum stark variieren.

STRÄNDE

Badeschuhe sind fast überall nützlich: Sandstrände können sehr heiß werden und an vielen Stränden ist der Übergang ins Wasser kieselig. Badeschuhe findest du in großer Auswahl zu angemessenen Preisen in allen Küstenorten.

Die Überwachung durch Rettungsschwimmer ist zwar für die Hauptsaison gesetzlich vorgeschrieben, wird aber nicht immer gewährleistet. Nacktbaden ist weitgehend verboten, an abgelegenen Stränden wird es aber problemlos praktiziert. Oben ohne wird überall toleriert, wo ausländische Touristen überwiegen.

TELEFON & HANDY

Griechenland telefoniert mobil, die Flächendeckung ist daher exzellent. Alle griechischen Telefonnummern außer Notrufnummern sind zehnstellig; eine Ortsvorwahl gibt es nicht. Vorwahl nach Deutschland *0049*, nach Österreich *0043*, in die Schweiz *0041*, anschließend Ortsvorwahl ohne die Null. Nach Griechenland *0030*, dann die zehnstellige Rufnummer.

TOILETTEN

Toiletten sind meist modern, nur eines ist gewöhnungsbedürftig: Selbst in Luxushotels und -lokalen gehört benutztes Toilettenpapier wegen der engen Rohre immer in den bereitstehenden Eimer oder Papierkorb!

UNTERKUNFT

Hotels und Pensionen gibt es in allen Städten, den meisten Küstendörfern und vielen Bergdörfern. Eine langfristige Vorausreservierung ist außer im August nur nötig, wenn man sich ein Zimmer in einem bestimmten Hotel sichern will. Auch Apartments und Reihenhäuser werden zahlreich, einzeln stehende Ferienhäuser seltener angeboten.

Wildes Zelten ist offiziell verboten, wird in Zeiten der Wirtschaftskrise aber an einsameren Stränden vor allem von den Griechen oft praktiziert. Eine Liste der lizenzierten Campingplätze gibt es auf *greececamping.gr.*

WAS KOSTET WIE VIEL?

Kaffee	2 Euro *für einen Mokka*
Bier	4 Euro *für ½ Liter*
Snack	ab 2,80 Euro *für ein Gyros*
Taxi	68 Cent *pro Kilometer innerstädtisch*
Strand	6–10 Euro *pro Tag für Schirm und 2 Liegestühle*
Benzin	um 1,70 Euro *für 1 l Super*

ZOLL

Waren für den privaten Verbrauch dürfen innerhalb der EU frei ein- und ausgeführt werden. Richtwerte hierfür sind z. B. 800 Zigaretten und 10 l Spirituosen, Wein in unbegrenzter Menge. Für

Schweizer gelten engere Freigrenzen, u.a. 5 l Wein und 1 l Spirituosen.

NOTFÄLLE

DIPLOMATISCHE VERTRETUNGEN

– *Deutsche Botschaft Athen:*
Odós Karaolí ke Dimitríou 3 | Tel. 21 07 28 51 11 | athen.diplo.de
– *Österreichische Botschaft Athen*
Leofóros Vas. Sofías 4 | Tel. 21 07 25 72 70 | bmeia.gv.at
– *Schweizer Botschaft Athen*
Odós Iassiou 2 | Tel. 21 07 23 03 64 | eda.admin.ch

GESUNDHEIT

Eine medizinische Grundversorgung ist gewährleistet. Zwischen Deutschland und Griechenland besteht ein Sozialversicherungsabkommen, sodass man sich theoretisch gegen Vorlage der Europäischen Krankenversicherungskarte bei Vertragsärzten der griechischen Krankenkasse behandeln lassen kann. Diese sehen allerdings in der Praxis oft lieber Bargeld. Darum empfiehlt sich eine private Auslandskrankenversicherung. Apotheken findest du in allen größeren Orten; viele Medikamente gibt es in Griechenland rezeptfrei und billiger als bei uns. Ein Mückenschutzmittel solltest du auf jeden Fall im Reisegepäck haben.

NOTFALLNUMMERN

Allgemeiner Notruf: *1 12*
Notrufnummer des griechischen Automobilclubs: *1 04 44*

WETTER IN PATRAS

Hauptsaison
Nebensaison

	JAN.	FEB.	MÄRZ	APRIL	MAI	JUNI	JULI	AUG.	SEPT.	OKT.	NOV.	DEZ.
Tagestemperaturen	15°	15°	17°	20°	24°	28°	30°	31°	28°	24°	20°	17°
Nachttemperaturen	6°	6°	7°	10°	13°	16°	18°	18°	16°	13°	10°	7°
Sonnenschein Stunden/Tag	4	5	6	8	9	10	12	11	9	7	5	4
Niederschlag Tage/Monat	13	10	8	7	5	2	1	1	3	8	11	14
Wassertemperatur	14°	14°	14°	16°	18°	22°	24°	25°	23°	22°	19°	16°

Sonnenschein Stunden/Tag · Niederschlag Tage/Monat · Wassertemperatur

SPICKZETTEL GRIECHISCH

SMALLTALK

ja/nein/vielleicht	ναι/όχι/ίσως	**nä/'ochi/'issos**
bitte/danke	παρακαλώ/ ευχαριστώ	**paraka'lo/äfcharis'to**
Gute(n) Morgen/Tag!/ Nacht!	Καλημέρα/ Καλημέρα!/ Καληνύχτα!	**Kalli'mära/Kalli'mära!/ Kalli'nichta!**
Hallo!/Auf Wiedersehen!/ Tschüss!	Γειά (σου/σας)!/ Αντίο!/Γειά (σου/ σας)!	**'Ja (su/sass)!/A'dio!/ Ja (su/sass)!**
Ich heiße …	Με λένε …	**Mä 'läne …**
Wie heißen Sie?	Πως σας λένε?	**Poss sass 'läne?**
Entschuldige!/ Entschuldigen Sie!	Συγνώμη!/ Με συγχωρείτε!	**Sig'nomi/ Mä sig'chorite**
Wie bitte?	Ορίστε?	**O'riste?**
Das gefällt mir (nicht).	Αυτό (δεν) μου αρέσει.	**Af'to (dhän) mu a'rässi.**

ZEIGEBILDER

ESSEN & TRINKEN

Reservieren Sie uns bitte für heute Abend einen Tisch für vier Personen.	Κλείστε μας παρακαλώ ένα τραπέζι γιά απόψε γιά τέσσερα άτομα.	**Klis'te mass parakal'lo 'änna tra'pezi ja a'popse ja 'tässera 'atoma.**
Die Speisekarte, bitte.	Τον κατάλογο παρακαλώ.	**Tonn ka'taloggo parakal'lo.**
Könnte ich bitte ... haben?	Θα ήθελα να έχο ...?	**Tha 'ithälla na 'ächo ...?**
mehr/weniger	πιό/λιγότερο	**pjo/li'gotäre**
mit/ohne Eis/ Kohlensäure	με/χωρίς πάγο/ ανθρακικό	**mä/cho'ris 'pago/ anthrakik'ko**
(kein) Trinkwasser	(μη) Πόσιμο νερό	**(mi) 'possimo nä'ro**
Vegetarier/Allergie	Χορτοφάγος/ Αλλεργία	**chorto'fagos/ allerg'ia**
Ich möchte zahlen, bitte.	Θέλω να πληρώσω παρακαλώ.	**'Thäl'lo na pli'rosso parakal'lo.**

NÜTZLICHES

Wo ist ...? / Wo sind ...?	Πού είναι/ Πού είναι ...?	**Pu 'ine ...?/Pu 'ine ...?**
Wie viel Uhr ist es?	Τι ώρα είναι?	**Ti 'ora 'ine?**
Wie viel kostet ...?	Πόσο κάνει ...?	**'Posso 'kani ...?**
Wo finde ich einen Internetzugang?	Που μπορώ να βρω πρόσβαση στο ίντερνετ?	**Pu bor'ro na wro 'proswassi sto índernett?**
Apotheke/Drogerie	Φαρμακείο/ Κατάστημα καλλυντικών	**farma'kio/ka'tastima kalindi'kon**
Fieber/Schmerz/ Durchfall/Übelkeit	Πυρετός/Πόνος/ Διάρροια/Αναγούλα	**pirät'tos/'ponnos/ dhi'arria/ana'gula**
Hilfe!/Achtung!/ Vorsicht!	Βοήθεια!/Προσοχή!/ Προσοχή!	**Wo'ithia!/Prosso'chi!/ Prosso'chi!**
Verbot/verboten	Απαγόρευση/ απαγορέυεται	**apa'goräfsi/ apago'räwäte**
0/1/2/3/4/5/6/7/8/9/ 10/100/1000	μηδέν/ένα/δύο/τρία/ τέσσερα/πέντε/έξι/ εφτά/οχτώ/εννέα/ δέκα/εκατό/χίλια	**mi'dhän/'änna/'dhio/ 'tria/'tässara/'pände/ 'äksi/äf'ta/och'to/ ä'näa/'dhäkka/äka'to/ 'chilia**

LESESTOFF & FILMFUTTER

DER LETZTE OSTERTANZ

Der Krimi von Rafael Navarin, der in Kalamáta und Messenien spielt, erschien 2016 und reflektiert auch das Leben in der Wirtschaftskrise. Die Chefermittlerin ist wie in den vorherigen Fällen Phani Papadea.

TALOS, SOHN VON SPARTA

In dem spannenden Roman von 1988 schildert der italienische Archäologe Valerio Massimo Manfredi das Schicksal eines jungen Mannes, der als verkrüppelter Sohn eines edlen Spartaners ausgesetzt wurde und nun in den Kampf gegen seine Heimatstadt zieht.

ASTERIX BEI DEN OLYMPISCHEN SPIELEN

Gérard Depardieu und Alain Delon spielen die Hauptrollen in dem 2008 gedrehten Film, in dem auch Rennfahrer Michael Schumacher und Fußballer Zinédine Zidane mitwirkten.

VOR MITTERNACHT

Der dritte, 2013 erschienene Teil der US-amerikanischen Before-Trilogie des Regisseurs Richard Linklater wurde in Messenien gedreht. Hauptschauplätze sind Kalamáta und Kardamíli. Als in die Jahre gekommenes Liebespaar agieren Julie Delpy und Ethan Hawke.

PLAYLIST QUERBEET

VANGÉLIS – HYMNE
Olympia ohne die Hymne des griechischen Pioniers der elektronischen Musik – das geht einfach nicht!

ROTTING CHRIST – THE CALL
Black Metal von Griechenlands berühmtester Rockband

MÍKIS THEODORÁKIS – ZORBA'S DANCE
Der berühmteste aller Sirtakis, komponiert vom legendären Weltstar

MÁRKOS VAMVAKÁRIS – FRANKOSYRIANÍ
Ein klassisches Rembétiko-Lied des Gurus aller Bouzoukispieler

MANÓLIS KALOMÍRIS – TRIPTYCH
Mal was anderes: eine Symphonie, komponiert von einem der bedeutendsten klassischen Komponisten des Landes

Den Soundtrack zum Urlaub gibt's auf ***Spotify*** *unter* ***MARCO POLO Greece***

Oder Code mit Spotify-App scannen

AB INS NETZ

GRIECHENLAND.NET
Täglich aktuelle Meldungen aus ganz Hellas, mit Reportagen und Rezepten

ODYSSEUS.CULTURE.GR
Auf der Website des griechischen Kultusministeriums findest du meist aktuelle Infos zu Öffnungszeiten und Eintrittspreisen aller archäologischen Stätten und staatlicher Museen und auch deren Telefonnummern.

ARGOLIS.DE
Der Blog eines bei Nauplia lebenden Deutschen versammelt viele Informationen und Fotos zum gesamten Peloponnes mit Schwerpunkt auf Nauplia und der Argolís. Auch aktuelle Veranstaltungshinweise sind hier zu finden.

E4-PELOPONNES.INFO
Informationen zum Fernwanderweg E4 auf dem Peloponnes und aktuelle Berichte von Wanderern

PELOPONNES-TREFF.DE/FORUM
Vielfältige deutschsprachige Forumsbeiträge rund um den Urlaub auf dem Peloponnes.

TRAVEL PURSUIT

DAS MARCO POLO URLAUBSQUIZ

Weißt du, wie der Peloponnes tickt? Teste hier dein Wissen über die kleinen Geheimnisse und Eigenheiten von Land und Leuten. Die Lösungen findest du in der Fußzeile. Und ganz ausführlich auf den S. 18–23.

❶ Wie hieß der im Winter schneebedeckte Götterberg der alten Griechen, auf dem sich Zeus & Co. häufig an Nektar und Ambrosia labten?

a) Taygéttos
b) Olymp
c) Profítis Ilías

❷ Wie hieß die heute türkische Millionenstadt Istanbul bis zum Jahr 1453?

a) Byzanz
b) Pergamon
c) Mistrás

❸ Wie nennt man die allgegenwärtigen Heiligenbilder in der griechisch-orthodoxen Kirche, die man auch in Bussen, Bars und Diskotheken häufig sieht?

a) Aquarelle
b) Ikonen
c) Propyläen

❹ Was meint ein Grieche auf dem Peloponnes, wenn er wieder einmal *entáxi* sagt?

a) Tschüss
b) Niemals
c) Okay

Lösungen: 1b, 2a, 3b, 4c, 5b, 6a/b/c, 7c, 8b, 9c, 10a, 11a

Diese Talisman-Anhänger sollen Glück bringen. Und was noch? Frage 10!

❺ Wer kann in Griechenland eine Lizenz als Losverkäufer bekommen?

a) Nur aus Athen oder dem Peloponnes Gebürtige
b) Alte und Bedürftige
c) Ausschließlich Blinde

❻ Wie schreibt man das griechische Wort für „Heilige" mit lateinischen Buchstaben richtig?

a) Agía
b) Aghía
c) Ayía

❼ Welche angeborene Körperbehinderung störte Aphrodite, die Göttin der Liebe, an ihrem Gatten Hephaistos, dem Gott der Schmiedekunst?

a) Er war impotent
b) Er hatte ständig Schluckauf
c) Er hinkte

❽ Wie viele Brüder hatte der antike Göttervater Zeus?

a) Keine
b) Zwei
c) Zwölf

❾ Welches Brettspiel spielen griechische Männer am liebsten?

a) Schach
b) Halma
c) Backgammon

❿ Was gilt in Griechenland traditionell als Glücksbringer?

a) Ein Knoten
b) Ein blaues Auge
c) Ein Rotweinfleck

⓫ Wann kam es zum sogenannten Schisma, der Kirchenspaltung?

a)1054
b)1568
c)1789

LOB ODER KRITIK? WIR FREUEN UNS AUF DEINE NACHRICHT!

Trotz gründlicher Recherche schleichen sich manchmal Fehler ein. Wir hoffen, du hast Verständnis, dass der Verlag dafür keine Haftung übernehmen kann.

**MARCO POLO Redaktion • MAIRDUMONT • Postfach 31 51
73751 Ostfildern • info@marcopolo.de**

Impressum
Titelbild: Eingangstor zum Stadion der antiken Stadt Messene (Huber Images: Olimpio Fantuz)
Fotos: K. Bötig (139); DuMont Bildarchiv/argus-Fotoagentur: Schröder (8); Huber-Images: O. Fantuz (2/3), Huber (94/95), J. Huber (70), R. Schmid (Klappe hinten, 54/55, 118/119), G. Simeone (65, 117); laif: M. Amme (6/7, 32/33, 114), Caputo (38/39), T. Linke (104), D. Schwelle (20, 88), F. Tophoven (14/15, 22, 30/31, 74/75), C. Zahn (26/27, 110); laif/Le Figaro Magazine: Fabre (12/13); laif/Polaris: M. Kouri (43); LOOKphotos: K. Wothe (134/135); mauritius images: Warburton-Lee (9); mauritius images/Alamy: G. Alexakis (72/73), T. Chekryzhova (137), C. Craggs (92), P. Eastland (87, 103), M. Gonda (126/127), T. Harris (27 re.), C. Iliopoulos (91), V. Khmelnytskyi (82), Art of Focus M. Michalatos (129), B. Marty (46), H. Milas (59, 79, 84, 100), C. Moustafellou (62), N. Nazarova (24/25), J. Pembrey (10), PitK (99), QEDimages (11), M. Robertson (31 re), G. Taylor (28), G. Tsichlis (Klappe vorne außen, Klappe vorne innen, 19), Y. Xydas (35); mauritius images/Axiom Photographic: A. Watson (50); mauritius images/ImageBROKER: K. Wothe (113); E. Wrba (53)

14., aktualisierte Auflage 2023

Autor: Klaus Bötig; Redaktion: Nikolai Michaelis; Bildredaktion: Susanne Mack
Kartografie: © MAIRDUMONT, Ostfildern (S. 36–37, 120, 122, 125, Umschlag außen, Faltkarte); © Baedeker, Ostfildern (S. 45, 65, 66, 80–81, 108, Faltkarte-Nebenkarte 1–3); © MAIRDUMONT, Ostfildern, unter Verwendung von Kartendaten von OpenStreetMap, Lizenz CC-BY-SA 2.0 (S. 40–41, 49, 56–57, 61, 76–77, 96–97, 106)
Als touristischer Verlag stellen wir bei den Karten nur den De-facto-Stand dar. Dieser kann von der völkerrechtlichen Lage abweichen und ist völlig wertungsfrei.
Gestaltung Cover, Umschlag und Faltkartencover: bilekjaeger_Kreativagentur mit Zukunftswerkstatt, Stuttgart
Gestaltung Innenlayout: Langenstein Communication GmbH, Ludwigsburg
Spickzettel: in Zusammenarbeit mit PONS Langenscheidt GmbH, Stuttgart
Texte hintere Umschlagklappe: Lucia Rojas
Konzept Coverlines: Jutta Metzler, bessere-texte.de

Printed in China

MARCO POLO AUTOR
KLAUS BÖTIG
Der Reisejournalist Klaus Bötig ist seit 1973 mehrmals jährlich auf dem Peloponnes unterwegs. Ihn fasziniert vor allem das Miteinander von Küstenlandschaften und Hochgebirgen, in denen im Winter sogar Skilifte in Betrieb sind. Meist kommt er nur langsam voran, denn ständig fordern urige Tavernen, archäologische Stätten und Museen sowie erzählfreudige Menschen zum Bleiben auf.

BLOSS NICHT!

FETTNÄPFCHEN UND REINFÄLLE VERMEIDEN

ZU WENIG GELD ABHEBEN

Jede Auszahlung am Automaten wird vor Ort mit einer Festgebühr von 2 bis 3 Euro und zusätzlich zu Hause mit 5–6 Euro belastet – ganz gleich, wie viel Geld du gezogen hast. Heb also besser einmal viel als öfters nur ein bisschen ab.

FRISCHEN TINTENFISCH ERWARTEN

Kalamares gehören zu den Lieblingsspeisen von Touristen und Griechen. Sie stammen aber fast nie frisch aus der Ägäis – sie mögen durchaus schmecken, aber eigentlich kannst du sie auch zu Hause essen.

ZU VIEL WEIN VERKOSTEN

Wer jede Gelegenheit nutzt, um sich als Önologe schlauer zu machen, und sich danach ans Lenkrad setzt, läuft schnell Gefahr, die Promillegrenze zu überschreiten (0,5, für Motorradfahrer sogar nur 0,2). Dann werden Verkehrskontrollen teuer: 155 Euro ist das Mindestbußgeld, auch mit Führerscheinentzug musst du rechnen.

DEN LETZTEN CENT FORDERN

Ein- und Zwei-Cent-Münzen sind in Griechenland kaum noch in Gebrauch. Nur Sammler interessieren sich noch dafür. Auch an der Kasse der meisten Supermärkte wird auf- oder abgerundet – und niemand beschwert sich darüber.

BLINDLINGS FISCH BESTELLEN

Frischer Fisch und erst recht Krustentiere sind teuer und werden meist nach Gewicht berechnet. Du solltest dir beim Bestellen den Kilopreis nennen lassen und beim Auswiegen dabei sein. Sonst könntest du beim Bezahlen eine böse Überraschung erleben.